二魚文化

臺灣舌頭

焦桐 著

目次

臺灣啤酒

華岡詩社的朋友們每週聚會一次，朗讀自己的新作，喝啤酒，聊天。陽明山多風多雨，剛才窗外的風雨飄搖，回頭乍見溪谷的山嵐湧升，紗帽山已披掛了彩虹。我們經常在善變的風景中談詩，痛飲啤酒，那些忽然翻升湧起的泡沫如思維激盪，我感覺到創作衝動和下肚的酒嗝一起升了上來。

傳統詩詞的飲酒語境很容易影響年輕詩人，以為落拓不羈，浪宕江湖才算好漢。如今追憶，我曾經很辜負臺灣啤酒。大一那年僥倖得時報文學獎的獎金多花在宴飲上，我清楚記得那些生疏的朋友喝醉了，竟拿啤酒戲耍，潑來潑去。我自己也夜夜泥醉，數次倒臥於路旁，佯狂得非常六朝。

臺灣所生產的飲用酒中，最優質的，我以為是啤酒。酒色清澈，剔透，冷豔，帶著輕淡的花香和麥香。

臺灣啤酒受日本人啟蒙，起初由日本進口啤酒。一九一九年，日本人在臺北州上埤頭創設「高砂麥酒株式會社」，廠址即今建國啤酒廠，主要設備購自夏威夷；直到戰後，這個啤酒廠仍是臺灣唯一的啤酒廠。剛開始技術不成熟，進口的麥芽良莠不齊，前兩三年甚至用槐花、乾菊花頂替啤酒花，酒質自然也差；為了行銷，會社設有啤酒車，用來運送啤酒，沿路宣傳販賣。

那時候日本進口的啤酒仍佔大宗，主要品牌包括惠比壽、麒麟、朝日、三寶樂、聯合，這些廠牌的釀酒技術學自德國，它們的滋味又影響了臺灣人的釀酒；可以說，日本人規訓了臺灣人的啤酒味覺。而臺灣啤酒和青島啤酒、日本啤酒一樣，都帶著德國血統，主要原料無非大麥芽、啤酒花、酵母、水，酵母代謝所需的糖分來自大麥芽，醱酵為酒精和二氧化碳，再經熟成產生碳酸氣，產生泡沫和清涼感。製程大抵是製麥，糖化，醱酵，熟成，過濾，包裝。臺灣啤酒在製麥時添加蓬萊米蒸煮，風味特殊。

啤酒帶著落拓江湖的性格，展現一種爽朗灑脫的痛快感，充滿活力的暗示。喝臺灣啤酒，不能細啜慢斟，要大口大口灌下去才舒服，才能領略啤酒的豪邁。多年前去陳黎家欣賞他的音樂收藏，陳列和林宜澐譏嘲陳黎：「客人來了半天，連一杯啤酒也沒有。」五分鐘後，不識酒的陳黎右手提著塑膠袋回來，塑膠袋裡有三罐臺灣啤酒，拉環已經拉開了，每一罐的開口都插著一根吸管。啤酒被對待成果汁，是對啤酒的的歧視和羞辱。啤酒罐插吸管？那裡像喝酒，毋寧是孝敬中元的好兄弟罷。

臺灣男人一年不灌幾瓶臺灣啤酒，算什麼男子漢？我喝臺啤最猛的經驗是一九八三年夏天，在渡也家，那天夜晚，我們兩個人對飲臺灣啤酒，竟喝掉六十瓶，害我十分鐘就得尿一次。真懷念年輕的日子，身體的循環、代謝功能強，喝了那麼多啤酒竟沒有醉。我很好奇，比利時讓．普賴默斯公爵（一二五一～一二九五）如何一個晚上喝下一百四十四大杯啤酒？他酒量神奇，可究竟幾分鐘得尿一次？不過也只有對啤酒感情深厚如他，才會頒佈正義凜然的法令，嚴懲在啤酒中摻雜造假者。

喝臺灣啤酒宜用冷藏過結霜的玻璃杯，能觀察雪白泡沫。那泡沫不僅美麗，更能暫阻空氣接觸酒液，延緩氧化；啤酒過度氧化即花香消失，僅餘苦澀味。因此，倒酒要倒出一定的泡沫才理想，酒液與泡沫的比例大約七比三。泡沫增添喝啤酒的樂趣，唐魯孫就指出那泡沫能提升意境：「一杯粗壯的把手，厚重的鏤花玻璃杯，注滿琥珀色的啤酒，杯上堆滿雪白的酒花邊聞邊喝，一種靈性融合的意境」。

啤酒飲用前需先降溫，我試過，溫度在6℃至8℃時飲用最爽口，剛從冰箱冷藏室取出約5℃，開瓶，倒入杯中，恰好是適宜的溫度；溫度回昇後，即帶著呆板的苦味，滿嘴泥濘感。此外，喝啤酒最好能帶著果斷的氣魄，一口飲盡，想喝時再依適合自己的量傾入杯中，別讓酒在玻璃杯中閒置到氣泡散光，更千萬別一下子要來好幾瓶擺在地上，喝完了一瓶再從冰箱取出一瓶就好。

我宴客時若飲啤酒例囑服務員先從冰箱取一瓶出來，待大家共盡杯中酒才另取一瓶，讓酒等待在冰箱中。起初，朋友們多慮我吝嗇，捨不得多開酒；其實是希望像把握春華般，把握最準確的賞味時間點。

大部分的酒都追求老，讓光陰馴化個性和稜角；啤酒卻喝鮮，越新鮮越好。喝一杯啤酒就像朗誦一首很短的抒情詩，沒有人會蠢到朗誦一兩句先跑去上廁所，回來再繼續朗誦。法國作家德萊姆（P. Delerm）盛贊第一口啤酒：「在觸到嘴唇的時候，這種帶有泡沫的金黃色物質，由於氣泡而變得更為清涼，然後緩慢地經過過濾苦味的味覺軟顎。這第一口顯得多麼長啊……在開始時是最理想的；那種直接的舒適感覺，由一聲嘆氣、由舌頭的一聲乍響或由一陣與這些表示相當的沉默不語而得到加強」。日本詩人中原中也（一九〇七～一九三七）的詩〈溪流〉中有幾句：

放在溪流中冰鎮的啤酒，

如同青春一樣可悲。
仰望山峰的我，
慟哭般地暢飲。
溼淋淋即將脫落的標籤，
如同青春一樣可悲。

他的味覺流動著悲涼，一種「未覺池塘春草夢，階前梧葉已秋聲」的情緒。
啤酒之苦味是一種爽快之苦，淡淡的，透露花香，乃釀造過程啤酒花釋放的氣味。花香極易接受，感知，但苦味之深刻往往像智慧需要開墾；苦味帶著香氣的翅膀，搧動味覺，欣然搖醒我們的神志，追問些許人生的奧秘。
有時候，我會覺得是在珍惜那些氣泡，像世間美好的事物，得即時把握。

鹹湯圓

大二那年初訪女友家，約定搭客運車到新屋鄉街上，謝爸爸騎摩托車出來接我。他似乎和我一樣木訥，除了初見面點頭微笑，一路上也不言語。就快到了。謝爸爸終於開口，摩托車轉了彎，駛進鄉間小路。

「這是你們家嗎？」我自知不善交際，努力尋找話題，指著稻田邊一間看似古樸的紅磚農舍問。

「那是豬舍。」謝爸爸冷冷地回答。經過那棟紅磚豬舍時果然臭氣磨人，我忽然覺得自己像極了一頭智障豬。

很快就吃午飯了，首先上桌的是客家鹹湯圓，我仍尷尬無語，非但未感染熱烈友善的氣氛，反而覺得像被湯圓噎住了喉嚨。

客家人在節慶或重要日子總是聚食鹹湯圓，象徵團圓和美。臺式湯圓較小，無餡料，作法是揑搓糯米糰成小球，有些染成紅色；以紅糖水熬煮成甜湯圓，或加入蔬菜、肉類等材料作成鹹湯圓。閩南人吃湯圓以甜為尚，近年婚宴流行炸紅白湯圓沾花生粉，表示人好事圓。吃鹹湯圓是客家人的習慣。新屋歌手謝宇威愛吃湯圓，他詮釋客家人偏好鹹味，可能是早期先祖多勞動，需要補充鹽分，日久而形成族群的飲食基因：「客家人不包甜的，也沒有包酸的，因為客家人不愛吃甜，所以也不吃醬油膏」。

各地客家庄稱呼湯圓不盡相同，高屏、六堆地區逕呼為「圓粄」，東勢、西螺叫「惜圓」，新竹、苗栗喚「粄圓」，桃園一帶喊得最動聽：「雪圓」。

臺灣雖小，南北的客家湯圓卻不同，北部的湯圓較小粒，配料都在湯裡；南部的湯圓較大顆，包有肉餡。小湯圓無餡，只需一點粄娘就足以塑型；大湯圓跟菜包就需要更多粄娘來搓揉，米糰才會柔軟而富彈勁。粄摶揉成圓形有吉利的暗示。客家人遇喜事如入厝、嫁娶、祝壽等熱鬧的活動，一定要有象徵圓圓滿滿、團聚在一起的湯圓來慶賀。

鹹湯圓作法分兩道手續：揉糯米為圓，在滾水中煮至浮起。分開炒製香菇、蝦米、肉絲、韭菜、蔥，以塑造每種食材不同的效果，炒妥後加入雞高湯，起鍋時另撒些油蔥酥。湯圓和配料分道治理，殊途同歸。那鍋湯甚是要緊，不可馬虎用調味料敷衍。埔里老字號「蘇媽媽湯圓」的湯頭用大骨、瘦肉、干貝、紅蘿蔔十多種食材，連續熬煮一整天，難怪數十年來為我們所信賴。新竹「榮記」是沒包內餡的小湯圓，湯頭亦以大骨熬製，飽滿了肉質香和香菇、油蔥味。

我欣賞的店家都一絲不苟，諸如屏東大埔老街「阿柳湯圓」的「鹹圓仔」外形一點也不圓，狀似水餃，湯圓皮深具嚼勁，內餡用胛心肉，加了獨門配料和自製油蔥酥，展現濃郁滋味。基隆仁愛市場「大觀園」只賣鹹湯圓、豬肝腸兩樣，豬肝腸是基隆特有小吃，用攪散的豬肉和豬肝灌入豬大腸，兩種東西都很迷人，一賣超過半世紀。又如金門「談天樓」，專營湯圓和麵食，湯圓甚佳，湯圓又以外皮最贊，老老實實用糯米製作，飽藏著彈勁，特別之處是鹹湯圓加了蛋花，我在那裡服兵役時不曾嚐過，倒是後來去了幾次。

有天路經龍潭山區，見一農舍前豎立小招牌，似乎隱藏著美味，遂停車，敲門，幾分鐘後終於有人聽見了，應門的農婦說是的，有飯可以吃。「三洽水鄉村餐廳」有一面牆貼滿了老闆收集的老照片，屋裡還擺置了一些農具；其客家湯圓用雞湯作底，煮韭菜、香菇、蝦米、紅蔥頭，湯圓頗具彈勁，滋味絕佳。農村菜總是份量可觀，我獨自用餐實在吃不完那五人份的湯圓，何況還另點食了半隻白斬雞，福菜脆筍、燜土鯽魚。

中央大學附近缺乏美食，我的課因此都排在上午，中午離校到處覓食。有時回臺北會繞去延平北路「鮮肉湯圓」午餐，施老闆選用存放一年以上的圓糯米製湯圓皮；肉餡用黑豬後腿肉，以胡椒粉、五香粉、油蔥調味；湯頭則是大骨熬煮三小時，湯內可見蝦米、冬菜、柴魚、芹菜、茼蒿。

有些包餡的鹹湯圓塊頭頗大，謝宇威就說他家所製足足有一個拳頭大，每個海碗也只能裝進一顆。竹田國小斜對面「竹田鹹湯圓」也稍大，內餡有蘿蔔乾、肉、豆乾、油蔥，外皮柔嫩而糗韌。

珊珊三歲時腸胃炎住進馬偕醫院，那幾天我上班前下班後都去醫院。她舉高用木板固定針頭的手臂給爸爸看，我心疼不已，跪下來親吻她的臉頰，牽著她的小手走到醫院的遊戲室。

搞不懂所有的醫院總是賣些難以下嚥的東西？醫師都那麼勞心勞力，病患及其家屬更已經夠可憐了，還逼他們吃飼料？不能供應一點真正的食物嗎？幸虧馬偕醫院後面是雙連市場。文昌宮旁巷內「燕山湯圓」風格獨特，大概考慮到住院的人常需要補血吧，供應有豬肝鹹湯圓、粉腸鹹湯圓，湯圓皮甚薄，肉餡風味迷人，湯內的豬肝鮮而粉嫩，很營養的暗示。

我岳母自製鹹湯圓風味絕佳，她用雞湯作底，堅持湯圓皮不可用糯米粉取代純米製作；加上親手栽種的茼蒿，極鮮極嫩極安全。我初嚐那次，雖然尷尬得像一頭智障豬，仍經常回味。那濃郁的湯指揮呼吸，湯圓綿密，深情般糯黏，帶著一種纏綿的韻味。

大觀園
地址：基隆市仁愛區仁四路31號
（仁愛市場1樓）
電話：02-24288158
營業時間：08:30-18:00，大部份休週一

鮮肉湯圓
地址：臺北市延平北路三段58號
電話：02-25857655, 25928609
營業時間：11:30-23:00，一個月休3-4天

燕山湯圓
地址：臺北市民生西路45巷9弄12號
電話：02-25216479
營業時間：07:00-19:00，週六或國定假日至15:00，週日店休

新屋鵝肉美食館
地址：桃園縣新屋鄉中山西路一段322號右轉
電話：03-4971246, 0931-178220
營業時間：須先訂位，節日或假日11:00-20:00
週一至週五11:00-14:00，16:30-20:00
（員工午休時不供餐）

三洽水鄉村餐廳
地址：桃園縣龍潭鄉三和村龍新路14鄰1695號
電話：03-4795839
營業時間：11:30-14:00, 17:00-21:00

榮記
地址：新竹市東區武昌街64號
電話：03-5238238
營業時間：07:30-22:00

蘇媽媽湯圓
地址：南投縣埔里鎮中山路三段118號
電話：049-2988915
營業時間：11:00-21:00，週日店休

阿柳湯圓
地址：屏東縣屏東市貴陽街36號
電話：08-7321176
營業時間：08:30-20:00，週一店休

竹田鹹湯圓
地址：屏東縣竹田鄉竹田村中正路116-2號
電話：08-7712676
營業時間：05:00-14:00

談天樓
地址：金門縣金湖鎮復興路3號
電話：082-332766
營業時間：09:30-19:30 中午不休息

爆米香

和童伴打過了彈珠，改玩尪仔標。集中意念，認真貫注力氣到掌上，要令掌中這張紙牌落點準確，帶著掌風，拍擊，搧翻其它紙牌，直接就插入別人的牌底。我好像玩什麼都輸，口袋裡的彈珠全輸光了，僅剩的尪仔標輸不起了，再輸就蕩產了。有聲音風聞，很細微，大家卻完全聽見了，含著極強的煽動，不安了高雄中學操場上遊戲的孩童。那不安逐漸增大，眼睛雖然猶盯著地上的尪仔標，耳朵已專注追蹤聲音的來源和距離，沒錯，是爆米香攤車來臨。

「要爆了啊！」我們圍著攤車觀看製作過程，很快來到了高潮。攤主掀開爐門時，先提醒嘸口水圍觀的孩童。隨著那聲爆炸巨響，轟起一團白煙，米香飄散，令周遭空氣瀰漫著興奮的甜味。

有一些記憶非常頑固，五十年前的童玩，依稀還記得遊戲規則；更清晰地形成童年座標的，則是爆米香。爆米香堪稱臺式爆米花，作法是生米放入壓力爐內，注進些植物油，加熱，並滾動壓力爐令受熱均勻，直到米粒膨脹熟成，先傾入圓形鐵網，再入攪拌鍋，澆進在一邊熬煮好的麥芽糖漿，翻攪均勻後裝入模具內，以滾筒壓平定型。一般多切割成方形餅狀食用。

當米粒熟成，打開前，須先釋放部分爐內的壓力，釋放時會產生爆炸聲。彷彿在街頭變戲法，攤主會提醒圍觀的群眾摀住耳朵：「要爆了啊！」

壓力爐是一簡單機具，只要放上三輪車就踩著到處去做生意。一輛三輪車走江湖，從這個村莊到那個鄉鎮，彷彿零食中的吉卜賽，從前鮮有固定店家。此機具福建也有，爆米香閩地叫「沙爆」。

時代在變遷，爆米香漸流行在爆過的米花中添加其它食品，以變化口感、多樣化產品，諸如花生、葡萄乾、南瓜子、芝麻、松子、巧克力、起司、抹茶、豌豆酥、薏仁、核桃、蓮子、通心麵等等。

臺灣童謠：「新娘新娘婧噹噹，褲底破一孔，後壁爆米香，米香沒人買，新娘跌到屎溝仔底」。從前爆米香提供代工服務，也有季節意涵。秋收後，引出爆米香師傅重現江湖，家家戶戶準備了奶粉、鳳梨空罐頭，裝了些白米或糙米，排隊等師傅把它變成爆米香。那是農業社會的庶民零食，農事暫歇，米香象徵豐收和甜美，接下來就要迎接新年了。

爆米香機器也適合製作米麩，東勢「志榮米麩」標榜以砲彈製成的機具操作爆米香和米麩；那機具是第二次世界大戰時，創業老闆在田間撿到的炮彈頭。砲彈爆米香機獨特之處在於：白鐵的面積較大，高溫受熱較均勻，爆出來的米穀較香。還強調用麻布袋承接爆好的米穀，因為麻布袋和器具底層的木板會吸收水氣和熱氣，成品之風味優於鐵籠。店家說早年生意好，總是從早爆到晚；後來零食種類越來越多，爆米香沒落了。他們看準現代人熱衷養生，遂研發出綜合米麩，還建立網頁，宅配銷售到全臺。

童年是一首雀躍的歌謠，在臺灣，像我這種半百老翁年幼時多唱過〈炒米香〉歌謠：「一的炒米香，二的炒韭菜，三的強強滾，四的炒米粉，五的五將軍，六的六子孫，七的蚵仔煮麵線，八的講欲分一半，九的九嬸婆，十的弄大鑼。打你千，打你萬，打你一千過五萬。羞羞羞，袂見笑，猜輸不甘願；猜輸起哮喘（he5ku1），不甘願，起哮喘，我欲來去投老師，投老師。」詞句很無厘頭，卻朗朗上口。歌謠裡的「炒米香」跟爆米香不同，將米炒熟或爆米後磨成米麩，閩南語曰炒米香。

臺灣俗諺：「吃米香，嫁好尪」，爆米香是瀰漫喜氣的糕餅，若作為喜慶饋贈的禮品，都製成圓形，如基隆「泉利米香」，圓米香象徵圓滿、感恩和祝福。

優質的爆米香蓬鬆而酥脆，不黏牙，鼓盪著米香和麥芽甜，那是一種米的魔術表演，熾熱的爐火，爐內的高壓，準確調整的甜度，是那一代人的集體零食，恐怕也只有它能有效召喚孩子，暫時離開尪仔標和彈珠，團團圍住壓力鍋等待爆炸，炸開現場的狂熱，炸出記憶中的煙火。

然則爆米香不免是一種式微的行業，它的爆炸聲震撼人心，迷人，卻快速消失於街頭，像童年一樣快速消逝。

一個城市若有幾攤爆米香流動著會更美，如臺東秀明農夫市集總是有輝哥在爆米香。我們若不期然在街角遇見，彷彿重溫了美好的舊夢。你多久沒吃爆米香了？

志榮米麩（現更名金麥米麩）

地址：臺中市豐勢路中盛巷15號

預約電話：04-2583367

營業時間：08:00-21:00

泉利米香

地址：基隆市信義區信二路219號

預約電話：02-24231698, 24202096

營業時間：09:00-22:00

地瓜粥

童年時寄養在外婆家，早餐多吃地瓜粥，總是一邊吃，一邊聽聞外婆餵養雞鴨的聲音，不知不覺天就亮了。

從前熬糜以代母乳，是很多人一生最早嚐到的滋味。奇怪梁實秋不喜吃粥，他敘述母親用薄銚（一稱有柄有蓋的小砂鍋）熬製：「不用剩飯煮。用生米淘淨慢煨。水一次加足，不半途添水。始終不加攪和，任它翻滾。這樣煮出來的粥，黏合，爛，而顆顆米粒是完整的，香」。前段敘述相當準確，後段則頗為可疑，蓋米粒完整和攪和無關，而且不攪和極易黏鍋。

粥因所羼配料不同而變化無窮，富貴者如燕窩粥、鮑魚粥、水蟹粥；清淡者如百合粥、筍絲粥、大麥粥、荷葉粥等等。地瓜粥是粥中之質樸者，一介布衣的樣子。它很隨和，很坦白，很善良，可以簡單搭配豆腐、蛋、醬菜，也可以豪華到有魚有肉有鮮蔬。貧困的年代喝粥，令粥顯得寒磣；小康時吃粥，總是帶著閒適感，謙遜而健康的暗示。

它的親和力強。觸讋晉見盛怒的趙太后，之能成功遊說而不被那老太婆吐口水，鬆懈她武裝的談判技巧，是先關心近日的飲食情況，太后回答：「恃鬻耳」。粥的養生功能自古即知，荀子概言：「其求物耶，養生耶，粥壽」。唐代《食醫心鑒》收粥品五十七方，宋代官修《聖濟總錄》收了一百一十三品，清代《粥譜》收錄的粥品已達兩百四十七方，堪稱集大成之作。《遵生八箋》更有芡實粥、蓮子粥、山藥粥、枸杞粥、胡麻粥、梅粥、仙人粥等多種藥粥。

臺灣人常吃的地瓜粥，在數百種粥品中獨樹一幟，它不像廣東粥煮得細稠融化，而是稀飯般米粒分明，又入口即化，完全不勞牙齒來幫忙。粥中的地瓜可絲可丁可塊，我較不愛刨成絲狀的蕃薯籤，而鍾愛飽滿的地瓜塊。鮮黃的地瓜在清白的粥裡，兩者結合得非常快樂。

地瓜粥宜熱呼呼地吃，袁枚引尹文端公的名言：「寧人等粥，毋粥等人」。吃粥要及時，像珍惜美好時光那樣，以免冷卻而湯乾味變矣。鄭板橋〈范縣署中寄舍弟墨第四書〉，如此贊美粥：「天寒冰凍時，窮親戚朋友到門，先泡一大碗炒米送手中，佐以醬薑一小碟，最是煖老溫貧之具。暇日咽碎米餅，煮糊塗粥，雙手捧椀，縮頸而啜之，霜晨雪早，得此周身俱煖」。雙手捧碗，縮頸而啜，大約是吃粥的標準動作。

地瓜的胸襟廣闊，葷素俱佳，能稠能稀，濃淡都可，「易鼎活蝦」無限量免費供應地瓜粥，其粥偏稀，幾可當湯喝。我在臺北常吃欣葉餐廳、兄弟飯店、青葉餐廳的地瓜粥。

此物最是溫老暖貧，明．李詡《戒庵老人漫筆》錄有一首煮粥詩：「煮飯何如煮粥強，好同兒女熟商量。一升可作三升用，兩日堪為六日糧。有客只須添水火，無錢不必問羹湯。莫言淡薄少滋味，淡薄之中滋味長。」

很多人吃膩大魚大肉，渴望有一碗清粥，那是絢爛之後的平淡，經歷熱鬧之後想要的寧靜；往往看盡人間的繁華，才懂得享受掌聲消失後的孤獨寂寞。

平凡的雪里蕻、榨菜、醃子薑、豆腐乳、泡菜……尤能和粥彼此闡揚，互相提攜。陳超在〈早餐〉詩中追憶幼時每天上學前母親準備的粥：「一碟雪里蕻／一碗米粥　烤窩頭片／我背起布書包　拉開家門／雪地的反光使我眯起眼／有霧淞的柳樹乾枝上／三顆晨星閃爍／媽媽的早餐使冬天溫暖」。米粥配鹹菜的氣味，母愛般呵護學童的成長，親情般鼓舞他勇敢走向嚴寒的世界。

地瓜粥有一種溫柔體貼的特質，寧靜，同情，撫慰人心，尤其適合身體孱弱、腸胃虛脫時，如春泥潤物，易吸收營養，能減輕人體的負擔，帶著療養的期待。余光中〈粥頌〉敘述稚歲時吃地瓜粥：「安慰渴口與飢腸／病了，就更加苦盼／你來輕輕地按摩／舌焦，唇燥，喉乾／與分外嬌懦的枯腸」，兩段詩分別陳述食粥經驗，連接著母親和愛妻的疼惜和照顧，「輪到愛妻／用慢火熬了又熬／驚喜晚餐桌上／端來這一碗香軟／配上豆腐乳，蘿蔔乾／肉鬆，薑絲，或皮蛋／來寵我疲勞的胃腸」。

它和便宜的醬菜像平淡夫妻，溫暖的家庭生活，不再有激情，似乎也缺乏浪漫；然則平淡中，愈見雋永悠長的滋味。

吾人吃多了肥膩，往往期待一碗清爽的地瓜粥。澹泊如地瓜粥的夫妻情分。《浮生六記》敘述芸娘少女時吃粥於深閨，嫁作沈家婦受盡冤屈，中年時貧病潦倒，又被翁姑逼得骨肉離散：將交五鼓，暖粥共啜之。芸強顏笑曰：「昔一粥而聚，今一粥而散，若作傳奇，可名《吃粥記》矣。」帶著病軀離別兒女，是需要一碗熱粥來安慰。

週末，特地提早回家熬一鍋地瓜粥給妻吃，長期化療的人胃口差，得設法喚醒她的味蕾。地瓜粥總是滾燙著熱情，熱騰騰一碗下肚最能按摩身心。我歡喜粥裡的地瓜大塊一點，地瓜削皮後用刀後端輕斫，順勢裂開成不規則塊狀，跟斫白蘿蔔一樣，盡量挽留其纖維，不令碎斷；雖然形狀凹凸不齊，但，幹嘛整齊？口感才要緊。

湯和米要柔膩如一，是治粥之道，如袁枚所云：「見水不見米，非粥也；見米不見水，非粥也。必使水米融洽，柔膩如一，而後謂之粥」。欲臻此境，除了禁止在中途添水，熄火後須略燜才好。

米先浸泡半小時再煮，煮開後加入地瓜同煮，滾沸時轉小火，用勺稍加攪動，叫米湯穩定地沸，叫它不要滿溢，靜待它飄散清香，雲淡風輕般，飄散著一種深刻的氣味。妻重病復發一年餘，我的生活確實異常忙碌，或許這也算是修行吧，越忙碌越能練習氣定神閒的態度。我故意不用電鍋煮地瓜粥；守在爐火邊，像守著珍惜的歲月，情感，和記憶，那樣耐心而堅定地守著。

兄弟飯店蘭花廳
地址：臺北市松山區南京東路三段255號
電話：02-27123456
營業時間：11:00-15:00, 17:00-22:30

欣葉101食藝軒
地址：臺北市信義區信義路五段7號85樓之1
（臺北101）
電話：02-81010185
營業時間：11:30-15:00, 17:30-22:00

AoBa青葉臺灣料理
地址：臺北市民生東路三段185號
電話：02-87721109
營業時間：11:00-14:30, 17:00-22:00

易鼎活蝦極品
地址：臺中市西屯區甘肅路二段100號
電話：04-23113202
營業時間：平日17:00-02:00
假日11:00-02:00
（最後點餐時間01:30）

火雞肉飯

這一天較早離開報社，順著中山路走到七彩噴水池圓環，印刷廠的油墨氣味消失了；一陣陣油蔥混合肉香肆意散播在空氣中，深刻，明確，我知道是傳說中的「噴水雞肉飯」在噴香。它一出現，立刻奪去了我的呼吸。

大學快畢業時擔任《商工日報》副刊編輯，工作地點在臺北，須了解在臺北編輯如何銜接嘉義工廠，上任第二天即整裝赴嘉義總社，我每天清晨去報社編報，熟悉排版廠、印刷廠一切作業流程，認識所有相關的同事，工作量非常巨大，每天深夜頭昏腦脹地走回小旅館睡覺；有次太專注於編務，竟乏力回旅館，就癱睡在報社地板上過夜。這是國民黨文工會的機關報，大概已經不想經營了，也許心餘力絀了，總之，主編之外只能再有一個編輯。我知道自己的專業能力足堪擔任文編、美編、行政所有任務，忽然自我感覺重要。

那時候的噴水雞肉飯味道甚佳，也尚未吸引那麼多觀光客，火雞肉絲舖在白米飯上，和一些油蔥酥，一片漬蘿蔔，淋了雞油滷汁，帶皮的雞肉滑嫩鮮美，很快就吃了三碗。忽然覺得精神意志甦醒了過來。

臺灣到處有人在賣雞肉飯，多數外地店家會冠以嘉義名號，然則離開嘉義就很難吃到美味的雞肉飯，他方所製，殊乏香稠味。我在臺北吃雞肉飯，雞肉絲皆順肌理撕下，口感不佳；米飯上點綴著少許雞肉絲，顯露吝嗇、過度拘謹又虛偽的表情。

嘉義的火雞肉飯遠較外地便宜而豪爽，也只有嘉義的雞肉飯細分為肉絲、肉片，供顧客選擇。美味關鍵取決於肉、汁、飯的組合，肉得鮮美滑嫩，絕不能顯得柴或出現腥味；肉絲取雞胸肉，肉片則可自選部位，如腿肉，我偏愛帶點雞皮的肉。滷汁要香醇清爽，不可油膩或過鹹。飯須煮得精準彈牙。

名氣最大者莫非創立於一九四九年的「噴水」，不過競爭激烈，後出轉精，諸如「郭家」、「劉里長」、「微笑」、「東門」、「呆獅」、「簡單」、「三禾」、「阿溪」等等。我最羨慕附近有美食的學校，如「郭家」鄰近嘉義女中，「簡單」鄰近嘉義高中、嘉義大學，「東門」鄰近垂揚國小。文化路「微笑火雞肉飯」從凌晨兩點半開始營業，清晨賣完；遷到吳鳳科技大學斜對面後，改成清晨開賣，從此民雄的清晨即充滿元氣，吳鳳科大的師生每天早餐能夠吃火雞肉飯，個個肯定是氣質出眾。相對地，文化路的午夜黯淡了，幸虧還有「郭家粿仔湯雞肉飯」。

郭家不僅賣粿仔湯出名，口味較清爽的火雞肉飯亦普獲在地人認同，可見態度決定一切，這老店治事認真嚴謹，選用本地飼養六個月公火雞，連雞油、油蔥酥都以傳統方式自家製作。有些業者會作一些小調整，如「劉里長」另外提供外帶滷汁，避免飯在滷汁中浸泡太久；「呆獅」加了酸菜和筍絲。

火雞的肉質較粗，原非臺灣人的尋常吃食；臺灣養火雞者不多，此飯大概從肉臊飯變化而來，將煮熟的火雞肉切片，鋪在熱呼呼的白飯上，淋上滷汁。嘉義的火雞肉飯，多捨進口冷凍火雞肉，選用本土產火雞肉，取其鮮嫩多汁也。

火雞肉飯經濟，親切，形式簡單，很適合拿來裝便當，幾乎每家店都兼營便當。不過一定要熱呼呼地吃，冷掉的火雞肉飯像老去的春華，徒留惋惜。嘉義市政府二〇一一年底舉辦「嘉義市雞肉飯節」，宴請一千五百人吃雞肉飯辦桌壓軸，可能出菜量太大，不僅火雞肉味澀，米飯軟爛，還是冷的。

火雞肉飯之於嘉義人，如同焢肉飯之於彰化人、虱目魚粥之於臺南人。旅遊阿里山，不宜錯過嘉義的火雞肉飯。當我吃一口火雞肉飯，閉上眼睛，感覺像置身陳澄波畫筆下的嘉義公園，參天巨榕穹覆著拱橋，遊人，池塘，池塘中啄食的丹頂鶴，戲水的白鵝從容整理羽喙，明亮的色澤，躍動著奔放的生命力，暑氣中，悠閒著清涼。

郭家粿仔湯雞肉飯
地址：嘉義市文化路148號
電話：05-2256214
營業時間：05:00-21:00

劉里長雞肉飯
地址：嘉義市東區公明路197號
電話：05-2227669
營業時間：05:30-14:30

三禾火雞肉飯
地址：嘉義市東區民權路97號
電話：05-2786846
營業時間：10:00-20:00

東門雞肉飯
地址：嘉義市光彩街198號
電話：05-2282678
營業時間：05:00-20:30

阿溪火雞肉飯
地址：嘉義市仁愛路356號
電話：05-2243177
營業時間：05:30-13:30

簡單雞肉飯
地址：嘉義市大雅路二段581號
電話：05-2754563
營業時間：11:00-20:30

噴水雞肉飯
地址：嘉義市西區中山路325號
電話：05-222-2433
營業時間：09:00-21:30

微笑火雞肉飯
地址：嘉義縣民雄鄉建國路二段56號
電話：05-2213079
營業時間：06:00-14:00，週一店休

紅蟳米糕

結婚時正在讀藝術研究所，半工半讀，非常忙碌。媽媽說親戚朋友都在高雄，無論如何要回去「辦桌」宴客。

外燴團隊搭塑膠棚封住家門前的巷道，並不寬敞的巷道擺了兩排圓桌，服務員快速奔走送菜，更多人端著酒杯到處敬酒，站著敘舊，計較彼此要喝多少。一月的南臺灣微微有些熱，裡面的空氣不太流動，總覺得拉住脖子的這條領帶極蠢，西裝也蠢，這時候我被指導要起來敬酒。已經開始上紅蟳米糕了，我遲疑起身，有點不情願。也許覺得很不好意思，甚至非常沒面子。從前坐在路邊吃酒席沒什麼特別感覺，如今自己當主人，如何就站在道路中間，逐桌向認識或不認識的人敬酒。

我的眼光總是被各桌上那籠紅蟳米糕抓過去，蒸得恰到好處的糯米飯肯定鬆緊有度，並且吸收了一些膏黃，上面覆蓋兩個豔紅的蟹殼，料想殼內飽滿著蟹黃。多麼想繼續坐著吃紅蟳米糕。

十幾年後我為了詩作《完全壯陽食譜》走進廚房，每天費六小時以上實驗，烹飪，筆記，如此這般三個多月，帶著秘密練功的心情探索，希望能圓融地用食譜結構詩創作。其時也以傳統方法製作紅蟳米糕：長糯米洗淨，泡水二小時，蒸熟；五花肉切丁入鍋瀝油後，爆香紅蔥頭、香菇、蝦米，加醬油、高湯、米酒、油蔥、冰糖、胡椒粉續炒；再將炒熟的配料拌勻糯米飯，上覆清理潔淨並切塊之紅蟳，送進蒸籠。

閩南人稱糯米飯曰「米糕」，米糕可鹹可甜，小孩滿月有贈送鹹米糕和紅蛋之習俗，女兒滿月時我都去永樂市場「林合發油飯粿店」訂製米糕紅蛋，請親友分享喜悅。臺南堪稱臺灣米糕的一哥，米糕老店甚多，諸如民族路「洛成米糕」、孔廟對面「米糕專門」、金華路「戽斗米糕」、保安路「保安路米糕」等等；都是米糕炊熟後，例澆肉臊滷汁，上鋪花生、魚鬆、涼拌小黃瓜，形成米糕的南部風格。康樂市場內「榮盛」則沒有涼拌小黃瓜，代之以兩朵滷香菇和漬蘿蔔片。

紅蟳米糕用糯米、鮮蟹烹製，可謂米糕的節慶版，突出豪華的裝扮，帶著喜氣洋洋的表情。裡面的米糕類似八寶油飯；紅蟳指性徵成熟的雌蟳，卵巢內充滿卵粒，蒸熟後呈深橘紅色，非常豔麗。從前臺灣人視紅蟳為滋補珍品，認為它有助於少年發育、產婦坐月子，對中年禿頭、老人眼濁、畏寒怕冷等也有療效。我獨迷戀其美味。

略具規模的臺菜館都供應有紅蟳米糕，諸如高雄「紅毛港海鮮餐廳」，臺南「阿霞飯店」，臺中「福宴國際創意美食」，臺北「明福餐廳」、「儂來餐廳」等等。米糕和蟹都不宜久蒸，否則米糕糊成一團，蟹黃亦硬化乾癟矣，阿霞飯店自己養蟹，火候控制精準，膏黃飽滿，色澤豔麗，米糕裡包括了干貝、香菇、蝦米、花生，又吸收了蟹黃蟹膏之馥郁。我發現，手段厲害的臺菜餐館才有本事烹出美味的紅蟳米糕。有些餐館在米糕配料上求變化，如臺中「福宴」加鰻片，益顯豪華；臺北「翰林筵」的蟹飯煮得相當講究，卻非米糕。

也常見米糕內有芋頭丁；最華貴的則添加干貝、鮑魚；至於添加鹹鴨蛋黃、魷魚、火腿丁、蛋酥、百果、蓮子，雖則熱鬧，卻缺乏總體格調。配料既多，調味更需準確，臺北「真的好海鮮餐廳」、「梅子餐廳」的糯米先用醬油、糖等調味料炒過，口味甚重，恐影響蟳味。

是我太貪吃了或心胸狹窄？二十幾年來，一直記得在自己的婚宴上錯過的紅蟳米糕。其時我略顯不耐煩那堆祝賀，更被人糾纏，命我逐一乾杯才夠敬意，乾杯何懼？怕只怕桌上那籠紅蟳米糕快被吃完了猶未能脫身，我努力壓抑快爆發的焦慮，勉強維持新郎的基本禮儀，頻頻回頭看我的紅蟳米糕。

紅毛港海鮮餐廳

地址：高雄市三多三路214號（林森路口）
預約電話：07-3353606
營業時間：11:30-14:00, 17:30-21:00

阿霞飯店

地址：臺南市中西區忠義路二段84巷7號
預約電話：06-2224420
營業時間：11:00-14:30, 16:30-21:00，週一店休

福宴國際創意美食

地址：臺中市清水區中山路18號
電話：04-26228757
營業時間：11:00-14:00, 17:00-21:30

明福餐廳

地址：臺北市中山北路二段137巷18號之1
電話：02-25629287
營業時間：12:00-14:30, 17:30-21:00

儂來餐廳

地址：臺北市民生東路二段147巷11弄1號
電話：02-25050891
營業時間：11:00-14:00, 17:00-21:30

米篩目

奚密發電郵說暑假帶加州大學學生來臺，上一門臺灣文學課，學生抵達當天，她想宴請他們一行二十六人，要我幫忙訂餐館，也邀我參加。可惜太太生病，無心也無暇參加餐會。每天忙碌不堪，竟忘了連絡，倏忽過了兩個多月，猛然想起，奚密又回美國了。上次餐敘是四年前的夏天？奚密、張誦聖返臺，我帶她們去吃「呷二嘴」的米篩目冰，至今仍記得她們歡喜贊歎的形容。

米篩目是臺灣傳統米食，尤流行於客家庄，乃「粄」的一種形式，源自廣東大埔，香港呼「銀針粉」，馬來西亞叫「老鼠粉」，米篩目閩南語 bí-thai-bak，「篩」、「苔」音近似，臺灣很多商家的招牌遂寫成「米苔目」。

作法是用在來米磨成米漿，脫水後加入太白粉蒸凝成糰，經過鐵擦板的篩洞，擦出粉條，掉落滾水鍋中煮熟，即是米篩目。須注意摻太白粉不可多，否則口感太粉。

粄條的製作工序亦然，初製成形狀寬扁似手帕毛巾；米篩目則是細圓，兩端尖細。兩者的製作相似，烹法相同，口感一樣，要緊的是都必須當天製作當天吃。

米篩目可湯可炒，前者用豬大骨、雞骨熬成高湯，加入韭菜、蔥、油蔥、香菇、蝦米、豆芽、豬肉絲等配料；後者則用相同配料炒製。尤其油蔥，可謂炒米篩目最重要的伴侶，公館鄉「福樂麵店」的米麵之廣受歡迎，靠的是涂媽媽手製油蔥酥，成為顧客信賴的經典味。

上個月專程去「合口味」、「美光粄條店」吃炒粄條時經過永安路、中山路口的敬字亭，一則故事忽然湧上腦海。聽說祖父篤信文字神聖，書寫有文字的紙張不可任意丟棄，必須集中在敬字亭焚燒以示敬重。母親曾說，因為祖父敬重字，你們兄弟才會都讀到博士。我沒有問她怎麼只隔代庇蔭？父親呢？為何就沒被庇蔭而每日花天酒地？我幾乎不曾見過父親，更從未見過收集大量字紙焚燒的祖父，他們的事蹟如煙縹緲，不如一盤炒粄條實在。

炒粄條到南洋之後稱炒粿條，用深色醬油、魚露、辣椒醬炒製，常見的配料有韭菜、豆芽、雞蛋、芥蘭菜、蝦仁，或蟹肉絲、血蚶，濃色黑醬，委實是火辣辣的尤物。

多次去吉隆坡，Rita 知道我不吃酒店裡的歐式自助早餐，曾清晨帶我尋到巷弄裡的炒粿條，端上來時盤子猶冒著煙，粿條彈勁極佳，蝦仁鮮美，蛋液熟度準確，令周圍的空氣顯得慷慨。我也曾在檳城汕頭街「亞龍炒粿條」、五叉路「姐妹炒粿條」大快朵頤，深深著迷於那盤粿條裡透露的鑊氣，那種中華料理才有的爆發力。

粄條須用存放半年以上的在來米製作，取老米油脂稀少，所製的粄條較有嚼勁。臺灣粄條以新埔、美濃兩地為尊，所謂「北新埔，南美濃」，新埔多以純米製作，叫「粄條」；美濃則常添加地瓜粉或太白粉，喚「面帕粄」；閩南人則稱之為「粿仔條」。純米所製米香較濃，較軟爛，適合以高湯製成湯粄；添加地瓜粉或太白粉則較具彈性，耐於翻炒，可製成乾粄。

畫家謝孝德強調：「米篩目的材料必須百分之百是米，才會好吃。但現在的米篩目都混進其他非米的成份製成，吃到肚子裡，可能還是一條條的，不好消化」。顯然是北客胃腸。

我常吃的米篩目是新屋「信宏鵝肉老店」和中壢「全家福」，前者連接著家族聚餐；後者近中央大學，是常款待來訪朋友的餐館。最近邀請作家來校評審文學獎，即宴於此處，林黛嫚、陳義芝、楊澤、蔡素芬都贊美炒米篩目，我得意洋洋，好像那盤米篩目是我炒出來的。

米篩目比粄條多了一種吃法：加糖水即成為甜品。「呷二嘴」冬天賣米糕，夏天賣米篩目，炎炎夏日吃刨冰米篩目，一陣陣清風吹拂心坎裡。這是臺灣的特殊吃法，用薑、黑糖熬煮甜湯，搭配冰鎮過的米篩目，和刨冰，單純得像信仰。

美光粄條店
地址：高雄市美濃區中山路一段87號
預約電話：07-6811420
營業時間：07:00-19:00，週四店休

合口味
地址：高雄縣美濃鎮東門里民族路3號
預約電話：07-6811221
營業時間：11:00-14:00, 16:30-20:30，星期二只到14:00

信宏鵝肉老店
地址：桃園縣新屋鄉中山路404號
預約電話：03-4772226
營業時間：11:00-14:00, 16:30-19:45（二至五）
11:00-14:00, 15:00-19:00（六、日）

全家福
地址：桃園縣中壢市環西路69號
預約電話：03-4945228
營業時間：11：00-14：00, 17：00-21：00

呷二嘴
地址：臺北市甘州街34號
電話：02-25570780
營業時間：09:00-17:30，賣完即休，隔週一店休

米干

胡續冬在中央大學客座時，我曾帶他去龍岡吃中餐，走在人群雜沓的忠貞市場內，很容易錯過這家沒有店名也沒有招牌的米干店；店面相當簡陋，食物種類很少，只賣米干、米粉和油麵，全寫在牆上；連營業時間都直接用油性筆寫在鐵捲門支架上。我們站著等候約十分鐘才勉強擠到座位，桌面上似乎永遠來不及擦乾淨，殘存的油漬彷彿某種隱喻。倉皇離開的隱喻。

米干口味甚重，湯色很沈，湯內有薑絲、酸菜、蔥花、肉臊、油蔥酥。吃起來具彈勁，滑溜，有透明感，猜想製作時添加了地瓜粉或其它澱粉類。續冬嗜辣，店家自製的辣油，隆重地香，提味開鮮地辣，悄悄地麻，一下子就說服了他的舌頭。

我多次在昆明覓食，不曾聽聞「米干」，乍看覺得餌絲、粑粑絲、米線庶幾近之，實則不然。餌，是一種稻米製成的粉餅，許慎解說：「粉稻米而餅之而蒸之，謂之餌」。餌壓成塊即餌餽，加工為絲即餌絲。米干是用生米製作，其名源自普洱，有點像昆明的「卷粉」，廣東的「腸粉」，西安的「涼皮」。

米干是普洱人的日常早點，主要有豆漿米干和花生湯米干兩種，製作簡單，煮一鍋滾熱的豆漿或花生湯，舀入碗裡的米干，加上韭菜、豆芽、薑蒜湯、醬油、味精、麻油、油辣椒等佐料。花生湯是把花生磨成漿糊，通常搭配一碟泡醃蘿蔔或醃京白菜吃。

普洱市東南與老撾、越南接壤，西南與緬甸比鄰，是中國重要的西南門戶。

滇緬游擊隊把米干帶來臺灣，形式內容已大異於普洱。作法是選用帶糯性的優質的大米，略為發酵後，水磨成漿，澄濾，倒入淺盤中，蒸煮後待涼切條，成品為白色半透明。烹煮方式像鍋燒麵，一般用小鍋，鼓猛火煮高湯，加入米干及配料，餐桌上皆備有辣醬及其它調味料；口感像極客家粄條，又像河粉，通常搭配豬肝、荷包蛋、豬肉片烹煮，口味相當濃厚。

國共內戰後期，國民黨退守臺灣，一支國軍撤退到滇緬邊境，又逃到泰北，成為孤軍。一九五三年，泰緬孤軍來到臺灣，就安置在龍岡一帶幾個眷村；龍岡社區位於桃園中壢、八德、平鎮的交界，他們帶來的滇緬料理，如今成為全臺獨特的美食。如今眷村都已拆除改建，融合的滇緬泰風情仍隨處可見。

為了營生，這些飽嘗人生苦難的異鄉人在眷村周圍，以充沛的創意，烹製想像家園的經驗之味，如「不一樣小吃館」的「唐明寶」就是孤軍到了緬甸之後，店家自己說，是發明給緬甸人吃的雲南創意料理：米飯拌蔥油，搭配炸雞肉、炸花生。

特殊背景更造就了大量的米干店，形塑獨特的美食風景。這些米干店多也兼售豌豆粉、過橋米線、大薄片、乳扇、牛乾巴等滇緬一帶風味料理，也多圍繞著忠貞市場，互相取暖般，彼此之間挨得很近，作法、口味、售價都相似，也都具一定水平。

柏楊在《異域》中詳細描述了這支孤軍向緬甸邊境撤退，「飢了的只有抓著口袋裡的飯糰充飢，渴了的只有俯到水潤上狂飲，有很多弟兄俯下去便再也爬不起來，也有很多弟兄臥倒在地上呻吟不止，他們被別的伙伴們夾著，或是用槍托把他們打起來」。「他們的師長、副師長、團長、統統的走了，像一個父親在苦難時拋棄了他的親生兒女一樣，他們拋棄了那些為他們流血效命的部下」。傷兵們衰弱地說，他們到臺灣去，是不愁沒有官做的。

我較常去吃的「國旗屋」米干店，原名「九旺米干」，矮小的屋舍裡裡外外佈滿了青天白日滿地紅旗幟，連店外巷弄也搞成一片旗海，原來店東張老旺的父親生前為游擊隊大隊長，他在一面白牆上以紅筆書寫緣由：「民國三十五至四十一年在緬甸打游擊戰，吾父以母親縫製的國旗一面指揮部隊，愈戰愈勇，於四十二年奉令來台進住忠貞新村，二十年逝世，在箱底發現那面有血跡的國旗，其子特成立國旗屋，以表懷念。國旗達人」。店內的菜色都用紅筆寫在牆上，「綜合米干」、「火燒涼拌」、「稀豆粉」、「涼麵」都淹沒在旗海中。我歡喜他們用純米製作米干，口感粉軟；在旗海中吃米干，加一點辣油，越吃越覺得熱血沸騰。

他的國旗感情比信仰更堅定，賣米干，狂買國旗，為了自辦升旗典禮，還張貼布告徵求更多國旗：「十月一日掛旗海，範圍為傳家寶紅綠燈、克難涼亭、國旗屋、龍平路中段、前龍街市場和忠貞車站，預估須購大旗一百面，小旗五千面，目前自購了兩千五百面，盼你贊助。」

龍岡米干如此這般，帶著一種戰爭的記憶，克難表情的美食，處處透露著因陋就簡的權宜性格。在昇平時代追憶戰亂，在那吃不飽、命不保的年代；輾轉流離之後，現在，一碗米干中出現荷包蛋，甚至豬肝、豬肉，是非常奢華的享受，是在矯正悲哀的過去。

它已迥異於普洱的米干，游擊隊員及其家眷、後代們製作米干數十年，實際上是烹煮他所感知所想像所經驗的食物，他們在過程中找尋到自己能安身立命的座標。這種創造過程不斷創造各種可以認識、重複的形式，成為集體展現，流離，漂泊的記憶，和孤獨的況味。

九旺米干（國旗屋）
地址：桃園縣中壢市前龍街73巷19之1號
電話：03- 4666879, 0932-934731
營業時間：05:00-18:00

光復雲仙小館
地址：桃園縣平鎮市中山路168號
電話：03- 4658245
營業時間：11:00-14:00, 17:00-20:00，週一店休

阿美米干
地址：桃園縣平鎮市中山路142號
電話：03- 4567399
營業時間：06:00-21:00

不一樣小吃館
地址：桃園縣中壢市龍東路46號
電話：03- 4369474, 0952-552997
營業時間：09:00-19:00，週三店休

宏珍
地址：桃園縣中壢市龍東路18號
電話：03- 4362288
營業時間：06:00-20:00，週一店休

（無名無招牌）
地址：桃園縣中壢市前龍街38號
（忠貞市場內）

雲南小館
地址：桃園縣中壢市龍平路181號
（忠貞市場內）
電話：03- 4566959, 4563702
營業時間：09:00-21:00，週二店休

大鬍子米干（無招牌）
地址：桃園縣中壢市龍平路173號
（忠貞市場內）

陳家米干
地址：桃園縣中壢市龍東路264巷27號
電話：03- 4361452
營業時間：06:00-13:30

大麵羹

在臺中蹲點，來到英才路大麵羹。這家老店經營已逾五十年，創始人是陳楊錦女士，目前是第二代陳明賢先生主持。大鍋前熱氣轟騰，白霧散去，鍋內沸滾著黃澄澄的胖麵條；麵條略帶澀味，煮得十分軟嫩，滑溜，卻未爛，泡在濃稠的湯內；上面擱了些油蔥酥、韭菜。我嚐了兩口，作好筆記，起身結帳。

「不合口味喔？」老闆謹慎地問，眼神透露些許難過。

「不會不會，很好吃。」我意識到又傷害到店家，安慰他。

「那——我幫你打包。」他接受讚美，綻出笑容。

「不用不用。我還要去別的地方。」我在外地四處考察，每天起碼十幾家，若家家打包也吃不消；何況住在旅館，無處加熱。不忍再面對老闆失望的眼神，趕緊快步離去。

大麵羹是臺中人的尋常早餐，已形成味覺的集體基因。離開臺中，難覓此味；非土生土長的臺中人，鮮嗜此味。林婉瑜有一首詩描寫夢中和父親吃大麵羹：

夢有韭菜、油蔥酥提味
夢有黃色糜爛不須咀嚼的鹼麵條

佐鮮紅東泉辣椒醬
那樣的滋味使我暴食後仍然飢餓
那滋味使我笑
那滋味使我哭

詩中所述「東泉辣椒醬」，是中部麵攤廣泛使用的甜辣醬；臺中人吃大麵羹多依賴它，兩種味道結合成另一集體滋味，形塑出一種集體情感。

大麵羹招牌有些寫「羹」，有些作「焿」，兩字同義，皆指混合各種材料煮成含汁食物；至於有些店家寫成「粳」，則是錯字。不過大麵羹並非一般的羹湯，羹和閩南語的鹼發音相同，大麵羹實際意思是鹼麵。

麵條加入食用鹼，顏色變黃，煮起來麵湯呈黏稠狀。食用鹼如小蘇打，味苦澀，是一種疏鬆劑和肉類嫩化劑，被廣泛應用於如麵條、麵包、饅頭等加工食品，能使乾貨原料迅速漲發，軟化纖維，去除發麵團的酸味。不過吃多了鹼，會強烈刺激胃腸道和呼吸系統，可能產生腹痛、腹瀉、嘔吐等中毒症狀。

臺灣光復初期，大麵羹即盛行於臺中，起初是窮人的食物，沒加什麼配料，業者挑擔叫賣，後來發展成便宜的地標小吃。一開始大麵羹的任務和鹹粥類似，在窮困的年代，煮粥能用較少的米餵飽較多人，粗麵條加鹼熬煮，麵條吸飽水膨脹，感覺很有份量。此外，在缺乏冷凍設備的年代，加鹼不失為保存濕麵條的有效方法。

公園口大麵羹負責人陳敏鐘追憶跟阿義師習藝，知道阿義師早年從事勞役仲介，常有很多三輪車、人力車伕聚集等工作，阿義師準備點心以補充他們的體力；由於食口眾多，經濟能力又有限，只能使用一些便宜的食材，以蝦皮、紅蔥爆香後，燜煮麵條，久煮而生勾縴效果，乃大麵羹芻形。

通常賣大麵羹者也兼售紅糟燒肉、油豆腐、滷蛋，不虞單調。名店都集中在臺中，而且多集中在老社區，諸如英才路「英才大麵焿」、公園路「臺中大麵焿」、中華路夜市「中華路大麵焿」、篤行路「老蔡大麵焿」、三民路「原公園口大麵焿」、健行路近華興街口麵攤等等。除了健行路那攤用鵝肉高湯為底，一般大麵羹都不用高湯。說來奇妙，鹼味加了韭菜和油蔥酥，竟生成美妙的滋味；也有商家添入蘿蔔乾、肉臊、蝦米提味。要之，必須趁熱吃，冷掉後有一種悲涼感。

有一次去吃大麵羹時經過孫立人故居，住家已掛牌為「孫立人將軍紀念館」。這位戰功彪炳的將軍遭蔣介石猜忌，被軟禁長達三十三年。他家的位置剛好在那些大麵羹老店中心，都徒步可達。不知他生前可否嚐過大麵羹？

多年前為助他撰寫《孫立人回憶錄》，我買了一部傳真機，專程駕車到臺中，直接就到向上路一段十八號，坐在一張象腿製成的椅子上和他商談回憶錄的撰寫和發稿，並為他裝妥傳真機。隔了幾天，回憶錄開始在中國時報「人間」副刊連載。

孫立人畢業於清華大學，和聞一多、梁實秋、梁思成同窗，時任籃球校隊隊長，帶領球隊奪得遠東運動會冠軍。我曾作〈武生〉一詩贈孫立人將軍，末段感嘆：「黃昏的疑雲／封鎖了暮年的深巷，／忠臣的眼淚／苦戀著帝王的宮牆，／英雄的頭顱／架在歷史的刀鋒上。」

大麵羹有一種蒼老的形容，侷限在臺中，經營者不多，老兵般，逐漸凋零。

英才大麵焿
地址：臺中市北區英才路215號
電話：04-22011718
營業時間：09:30-18:00

臺中大麵焿
地址：臺中市中區公園路16號
電話：0937-716688
營業時間：05:30-13:30

原公園口大麵焿
地址：臺中市中區三民路三段13號
電話：04-22237693
營業時間：05:30-14:30

老蔡大麵焿
地址：臺中市中區篤行路18號
電話：04-22068532
營業時間：23:00-02:00，週日晚店休

中華路大麵焿
地址：臺中市中區中華路一段217號
電話：04-22256053
營業時間：17:00-06:30

蔭豉蚵仔

蘇東坡被貶謫嶺南的時候，沒有肉吃，不得已，遷就當地習俗，盡吃一些野味如熏鼠、蝙蝠、蝦蟆等等，口味超越了南北邊際，衝擊了舊時的審美感受，從此詩作更上一層樓。這是有道理的，蘇轍在〈亡兄子瞻端明墓誌銘〉追憶哥哥曾經對他說：「吾視今世學者獨子可與我上下耳。既而謫居於黃，杜門深居，馳騁翰墨，其文一變，如川之方至，而轍瞪然不能及矣」。

除了那些野味，蘇東坡再貶海南時更因禍得福，吃到牡蠣，驚訝其美味，乃告訴小兒子蘇過：「無令中朝士大夫知，恐爭謀南徙，以分此味」。牡蠣之味，竟能令蘇東坡以幽默感面對逆境。

蘇東坡佚文中有一篇〈食蠔〉，雖有部分殘缺，仍可一窺他對待牡蠣的方式：

海蠻獻蠔，剖之，得數升，肉與漿入水，與酒並煮，食之甚美，未始有也。又取其大者，炙熱，正爾啖嚼，又益□煮者。海國食□蟹□螺八足魚，豈有獻□。每戒過子慎勿說，恐北方君子聞之，爭欲為東坡所為，求謫海南，分我此美也。

他在海南島，常吃海鮮、野味是容易理解的。值得注意的是烹調辦法——煮的時候加酒。尤其是海鮮，酒幾乎是不可或缺的調味聖品，遠勝過廚房裡的各種調味料，可惜相對於地中海沿岸料理，中華料理比較不重視以酒調味，蘇東坡的烹飪手段確實深富創意。

蠔即牡蠣，臺灣人喚蚵仔。臺灣西南沿海盛產鮮蚵，以彰化王功、雲林臺西、嘉義東石與布袋、臺南七股為主要養殖區。這種軟體動物幾成臺灣人的日常餐食，作法多元，煎炒煮炸皆可，也宜帶殼火烤，夜市尤常見蚵仔煎、蚵仔湯、蔭豉鮮蚵、蒜蓉蚵仔、蚵嗲。

中西料理牡蠣的方法大異其趣，如牡蠣湯，西方食譜例加奶油、牛奶、洋蔥；臺灣的蚵仔湯向來就只用蔥花、薑絲煮清湯。臺灣蚵個頭小，與國外進口的牡蠣品種不同，尤其適合用來炒炸。

用蔭豉炒牡蠣最具臺味。蔭豉即黑豆豉，有乾濕兩種，溼蔭豉是將黑豆漬於鹽水缸中，經曝曬發酵約兩個月，再加以烹煮調味，具較佳的甘醇風味。品質較差的乾蔭豉是製造醬油後的殘渣，加鹽曝曬，乏香而呆鹹。然則濕、乾不能作為判別優劣的標準，端視製程；優質的蔭豉則用黑豆直接發酵漬成，鹹味中帶著豐富的表情。

蔭豉蚵仔作法很簡單：爆炒薑絲、蒜苗、蔥段，加入黑豆豉、醬油，和汆燙過的鮮蚵同炒；亦可加九層塔、辣椒提味。要緊的是牡蠣必須新鮮，最好買現剝的。清洗時須耐心仔細，先用漏勺在流水下沖淨；至放入器皿中加鹽潔身，直到水清澈。此餚下飯，長期飄香在臺灣人的家庭餐桌上。

牡蠣的營養價值高，尤富含磷，其滋陰補陽似乎古今中外都相信，聽說還會發奶。費雪（M. F. K. Fisher）有一本趣味盎然的《牡蠣之書》（Consider The Oyster），也談到牡蠣的壯陽效果：「幾乎每位西方男士，只要有點錢，有點閒，便有能力吞下一定分量的磷。只要牡蠣新鮮乾淨，管牠是補了他的腦子、肚子，還是他最私密的部位，都行。」她說男人的愛情生活，跟牡蠣一樣奇特，其中有一部分來自牡蠣的神秘力量。

牡蠣很美，美得跟世間所有美好的事物一般短暫，牠一離開殼，很快會腐壞。我猜想蔭豉蚵仔之出現，除了黑豆豉之鹹香和甘味，更是為了修飾可能的腥味吧。年輕時編報紙副刊，下班後常和朋友到「阿才的店」吃宵夜，其「油條蔭豉蚵」是下酒佳餚，令柔嫩的鮮蚵增加一種酥脆感。如今回憶，驚覺已近二十年未去阿才的店了，韶華之易逝竟如蚵仔之鮮度。

上次去里昂開會，特地來到頌恩河（La Saone）畔假日市集，市集有各種家常醃製品和熟食，最迷人的委實還是生蠔攤，雖然當時穿得單薄，仍一個個自碎冰上取出，吞食，滋味純正雋永。

牡蠣美味的條件最單純，只要新鮮肥美就好吃。無論生食或用蔭豉炒作，都非常迷人。我覺得牠不僅是食物，是生活必需品。

牠總是讓我想到孤獨，一直活得無聲無息，那美麗，細緻，灰白的軀體幾乎毫無動靜。

欣葉臺菜
地址：臺北市雙城街34-1號（德惠街口）
電話：02-25963255
營業時間：11:30-00:30

兄弟飯店蘭花廳
地址：臺北市松山區南京東路3段255號
電話：02-27123456
營業時間：11:00-15:00,17:00-22:30

菜脯蛋

匆促報考藝術研究所，僅剩一個月時間準備，我猶原讀不下要考的科目，只好拿起相近的圖書閱讀。已經辭去副刊編輯工作，再也沒有收入了，房租又那麼貴。好像有破釜沈舟的意志，我把每天花費十幾小時上班的時間挪來閱讀，有一點心虛，茫然，似乎也能想像些許前景。

我發狠讀全元雜劇時清楚知道現在窮得要命，決心吃一個月的菜脯蛋佐飯。每天煮一鍋飯，用蘿蔔乾煎蛋，有時會再煎一塊白帶魚；吃飽飯繼續讀書，絕少外出。雖然沒有為考試而讀，那一個多月的閉門讀書，充分領略職業讀書人的樂趣無窮，覺得知感能力都快速增長。

吃菜脯蛋的日子極其充實，有勁。窮一點沒關係，我希望這輩子能如此當專業的書生，日常最重要的功課是讀書，剩下的時間思考，旅行，書寫。

菜脯乃閩南語醃製蘿蔔乾。客家人和閩南人都很依賴蘿蔔乾，兩者的區別在於製作時曝曬的時間：客家人曬得較乾，閩南人較濕；製作菜脯蛋時又正好相反，客家製法先以少許油炒菜脯，蛋液加清水。

煎製前先洗去雜質，泡水以降低鹽分，切丁，瀝乾。「欣葉」進雄師叮嚀：蘿蔔乾略為清洗即擠乾，不能泡水太久，否則會失去香味。此外，攪動蛋液時只能略為攪勻，不可像打蛋糕一樣打至鬆發，以免失去彈性又充斥孔洞。

菜脯蛋吃飯配粥都宜，乃貧困時代的產物，表現為簡單美學，有蔥花調配足矣；有人作菜脯蛋動輒妄添蝦米、蒜頭、鹽、糖、醬油、米酒、香菜等等，唯恐材料不夠多，庸俗不堪。

油溫控制很要緊，一開始介乎炸與煎之間，用安定的中火。我後來煎菜脯蛋例用豬油，豬油烹菜之香實非別油所能及。優質臺菜餐館都能作出美麗可口的菜脯蛋，形狀渾圓平整，外酥內嫩，尤以「青葉」所製較碩大，難度高；一般家庭用平底鍋難臻此境。欲講究形狀和厚度須使用深鍋，不可儉省用油，當蛋液周邊起泡再倒出餘油，翻面續煎，直到兩面呈金黃色。

客家人尤嗜菜脯，在客家庄，曬製蘿蔔乾還帶著鄰里互相較勁的況味，看那一家曬製得比較香。曝曬蘿蔔要靠天氣和勤奮，若能遇到大太陽，兼有好風吹拂，就是天公庇佑。菜脯美味的程度，依靠陽光的親炙。好菜脯鹹中帶甘，切碎炒蔥、蒜、辣椒就相當美味；菜脯煎蛋更是美味，每粒菜脯可都在雞蛋香酥滑嫩的擁抱中。

焦妻說她念小學時，全班都是客家人，午餐時間，五十個同學掀開便當盒，起碼有三、四十個便當盒裡面有菜脯蛋。客家人善醃鹹菜，如蘿蔔乾、高麗菜乾、豆乾、筍乾等等，勤懇製作，功夫紮實，能臻鹹香回甘之境。杜潘芳格〈平安戲〉客語詩描寫戲棚下看戲，吃李仔鹹、蘿蔔乾：

盡多盡多介平安人，情願嚙菜脯根，
食甘蔗含李仔鹹。
保持一條佢介老命，看，平安戲。

詩中反映在困苦、高壓的生活環境中，客家人的硬頸精神。蘿蔔乾自不待言；李仔鹹是自家所種的李子，經醃漬處理後，可作為日常佐飯的小菜。

結婚二十幾年，我家無時沒有新菜脯，我在「客家飲食文學與文化國際學術研討會」舉辦了一場「客家宴」款待近百位學者，那晚的菜脯即是我岳母親自曬製，分兩種：老菜脯可用來炒蛋；黑菜脯則發酵更久，非但陳香十足，感冒咳嗽時用來燉雞湯，美味兼食療。我考慮到筵席中需要一道魚膳，設計食單時決定推出菜脯魚。用菜脯來贊美鱸魚，令鱸魚有了更美麗的身姿。那是來自陽光下的好滋味。

在我貧困的青年時期，菜脯蛋以可口的芳香，陪伴我，堅定力爭上游的心志。它是深刻的，許多年輕躁動的身體——不甘於輕浮躁動，裡面居停著老邁的靈魂，隨時在糾正，指示。

蘿蔔乾經過歲月烙記已略顯萎癟，裡面猶蘊蓄著陽光的氣息，智慧般的陳香。新鮮蛋液緊緊擁抱著蘿蔔乾，彷彿年輕的身軀居住著老靈魂。

欣葉臺菜
地址：臺北市雙城街34-1號（德惠街口）
電話：02-25963255
營業時間：11:30-00:30

AoBa青葉臺灣料理
地址：臺北市民生東路三段158號
（微風廣場內）
電話：02-87721109
營業時間：11:00-14:30, 17:00-22:00

兄弟飯店蘭花廳
地址：臺北市松山區南京東路三段255號
電話：02-27123456
營業時間：11:00-15:00, 17:00-22:30

阿爸的客家菜
地址：新北市三峽區中山路118號
電話：02-26743714,0919-617525
營業時間：11:00-14:00, 17:00-21:00，週二店休

薑絲大腸

客家有一首〈病子歌〉，描述丈夫問懷孕的妻子想吃什麼食物，初害喜想吃的就是薑絲炒大腸：「阿哥問娘愛食麼介唷　愛食豬腸炒薑絲／恁想食　炒薑絲　想食豬腸來炒薑ㄚㄚ絲　哪哎唷　炒薑絲」。孕婦害喜時因味覺的敏感度下降，當舌頭變得遲鈍，常愛吃刺激性食物，豬腸炒薑絲因酸度強，尤令孕婦歡喜。

薑絲大腸的材料都很廉價，世俗般的本質，窮人和富人都為之著迷。炒製時一定要用醋精，才有那獨特的酸嗆味，一般白醋無法表現這種味道。醋精是一種合成醋，道地的客家口味，極酸，想起來都覺得牙齒要軟掉了；都市的超級市場難覓此物，鄉下小雜貨店可買得到。

有趣的是菜名中並無醋精，好像某種壓抑的衝動，埋伏在潛意識界域，卻主導外現的行為。此菜頗具表現主義（Expressionism）特質，揚棄和諧，均衡，穩定的口感；故意表現不安，焦慮，逼得人發瘋的酸。當我們的精神官能昏昏欲睡，正需要它來提醒。它的內在又彷彿梵谷畫作中激情的線條和筆觸，以燃燒般的熱情表演一生。

薑絲炒大腸乃客家傳統「四炆四炒」之一。薑的辛，醋精的酸，大腸的脂，和黃豆醬的陳，四種重口味結合出剛烈的個性。令我憶起曾在阿姆斯特丹梵谷博物館長立畫作

〈麥田群鴉〉前感動，沈悶的藍、綠、黑、金黃共譜出不安的交響，那壓抑厚重的褐黃麥浪堆擠著，洶湧，壓抑。

這道菜南北頗有差異。北臺灣的薑絲炒大腸，多單純地薑絲、大腸合炒；南臺灣的薑絲炒大腸有時會加酸菜，可能是受到閩南人的影響。這道客家名菜很酸，傑作並不多見，稍微失手，那大腸嚼起來如同咬橡皮。

大腸整治潔淨，去除腸壁內的脂肪，幾乎看不到油脂，口感彈牙而柔軟，優秀的大腸脆而不韌，飽滿著嚼感，酸嗆適度。江湖一點訣，關鍵在整治大腸時不要用鹽洗滌清理，否則會變得堅韌。改進之道是，先翻面以麵粉抓洗，再用沙士或可樂搓揉，然後再清水洗淨；料理前用蘇打粉醃半小時。

切大腸需用斜刀法，運刀時刀身與砧板上的大腸成一定角度，一刀左斜，下一刀則右斜，交替運刀，務令切出來的大腸呈三角形，如此炒作有助於口感之爽脆。

先爆香薑絲，再加入黃豆醬、米酒、醋精、大腸，猛火翻炒。薑辛、腸香和醋精的嗆酸，一起熱烈交纏，像年輕的愛，風馳電掣般結合。薑絲大腸可能是我唯一可以容忍的客家菜加糖，臺北「廣東客家小館」所製就加了糖拌炒，酸甜適度，爽脆順口，連薑絲都好吃；店家烹製前先過熱油，令大腸表皮瞬間緊縮，略帶酥脆感。

有一學期，我帶領幾個研究生集中考察客家菜，品嚐過不少優秀的薑絲大腸。中壢「老姜花園餐廳」的薑絲大腸整治清淨，除盡腸壁內的脂肪，口感彈牙而柔軟。三峽「牧童遙指客家村」的薑絲大腸加醬油炒製，色澤偏褐，也好吃。

有些餐館很富創意，富岡「信義飲食店」除了傳統的薑絲大腸，更變化出該店第一招牌「薑絲炒粉腸」，加了醬油和豬油炒製，氣韻生動。美濃「合口味」結合湘菜和客家風味，除了薑絲炒大腸，亦衍變出薑絲炒豬肚，豬肚脆，口感很好。銅鑼「福欣園」的冬筍肥腸，亦是薑絲大腸的變奏：大腸滷過，加了花椒粒，盤底鋪墊著略漬的老薑絲，店家附贈生蘿蔓葉，供食客包裹著吃，增添風味又頗有解膩之效。這是店家的創意，保留傳統薑絲大腸的酸、腴、香之味，加入泰式料理用生菜包裹肉品的手段。

求新求變是創作者的文法，然則變化豈是簡單？有人喜加太白粉勾縴，就不足為訓。醋精是化學製品，酸味太單調，且不宜多吃。期待廚藝家運用各種好醋，調製出酸度直追醋精的混和醋，體貼現代人的身體。此外，醋能軟化肉質，此菜宜鼓猛火快炒，炒作時醋會揮發酸味，不宜炒太久。也許可以考慮二段加醋，第一段先讓醋香滲進大腸，起鍋前再加醋增酸。

那酸嗆味，像深刻的啟示，因為有醋酸，提醒了大腸的脂香；因為有嫩薑，大腸革除了腥膻；也因為有大腸，那瘋狂的酸遂值得回味。

大腸、薑絲和醋精形成了緊張關係，對比強烈，共譜火焰般衝動不安的熱情，刺激，挑釁，充滿力度和速度地誘引著感官，如田原上狂野的牲畜；又如勇泅湍流的小舟，遍歷礁石險巇的臨界點，突然凌空，忽焉急墜，被魅力驅使著。薑絲大腸的美學特徵相當大膽，表現稜角分明的個性，跳躍式地味蕾試探。

合口味
地址：高雄市美濃區民族路3號
電話：07-6811221, 6816604
營業時間：11:00-14:00, 17:00-20:30

福欣園
地址：苗栗縣銅鑼鄉福興村中山路62號
電話：037-983345, 981561
營業時間：11:00-14:30, 17:00-21:00

老姜花園餐廳
地址：中壢市環中東路2段399巷91-8號
電話：03-4681219, 4587377
營業時間：11:00-14:00, 17:00-21:00

信義飲食店
地址：桃園縣富岡鄉豐野里信義街165號
電話：03-4723395
營業時間：11:00-15:00,17:10-21:30

牧童遙指客家村
地址：新北市三峽區中園街126-21號
電話：02-26728192
營業時間：平日11:00-14:30,17:00-21:30
假日11:00-21:00

廣東客家小館
地址：臺北市華陰街27號
電話：02-25626658
營業時間：11:30-14:00,17:30-21:00

紅糟燒肉

順著涼州街往西，過延平北路三段，忽覺空間感一變，彷彿時間的步調緩慢了，彷彿步入泛黃的老照片裡：人力車，單車，滿街茶行招牌，推置路旁待運送的茶箱。延平北路及其以西這區塊就是大稻埕，又稱稻江、稻埕，日據時代叫太平町，一直聚集著許多美味小吃。

當時日本人描述太平町：「房屋是類似歐風的磚造建築，而且整排都是兩層或三層樓高富麗堂皇的建築，有稱之為『亭仔腳』的騎樓供行人用及作為遮陽防雨的獨特建築構造，誇張的色彩，和城內的風格不同，洋溢著異國風情。正因為是本島重要輸出品，米、茶的交易地，所以商業活動繁盛」。永樂國小教室至今仍保存著拱門式走廊。

右轉安西街，排隊的人龍比「賣麵炎仔」招牌還醒目。隊伍緩慢前進，終於輪到我在門口點餐了：一碗㳠仔麵，一碗雞油飯，一盤紅糟燒肉，一盤白斬雞，一盤鯊魚煙。好像有點過量，然則等候了這麼久，應該不過份。

讓讓，讓讓。狹窄的通道上點餐，隨時得閃避用大鐵盤捧著紅糟燒肉的店員。讓讓。吆喝聲，剁肉聲，吃麵聲不絕於耳，年輕的店東不停地剁雞切肉，那雙機械般快速規律的手似乎不曾稍歇。

賣麵炎仔是安西街最動人的風景，尤以紅糟燒肉最獲我心，那肉醃漬薄糟，經兩次油炸，先炸熟再炸酥，有效封鎖肉汁，色澤紅潤，酥爽，鮮嫩，彈牙，鹹甜調和得宜，表現脂香和酒糟香，為它排隊，值得，值得。我一頓飯剛結束，紅糟燒肉又從廚房搬運了出來；店外排隊的人龍更長了，繼續緩慢移動。

紅糟乃米酒、紅麴、糯米發酵而成，色香味比白糟、黃糟傑出，適合入菜，常用來醃製豬肉、雞肉、鴨肉、鰻魚、螺片，也可作紅糟飯，乃福州菜系的基本符碼。福州的紅糟肉都泡在縡汁中，性質屬紅糟扣肉。我在福州「聚春園」、「安泰樓」品嚐的紅糟肉都帶厚汁，夾在光餅中吃，類似肉夾饃辦法。臺灣的福州菜館所製亦同，如「福州新利菜館」的紅糟三層肉未油炸，帶著濃厚的縡汁，總是夾餅食用。

這種福州血統，已融進了臺灣的鄉土文化。臺灣的紅糟肉採油炸工序，很多人又叫它「燒肉」，其實兩者略有差異，紅糟肉是豬肉醃紅糟、醬油、蒜頭、薑，入味後再裹地瓜粉油炸；燒肉的醃料則少了紅糟，如員林「謝家米糕」所製。兩者皆適宜配飯佐酒。

紅糟從福州到臺灣，以客家人最善利用，所製也較接近福州原貌。客家人過年時祭拜神明和祖先，必多備許多雞鴨豬肉，在冰箱尚未出現的時代，用鹽巴醃製保存；為了風味更佳，就另以紅糟醃漬。他們喚紅糟肉「糟嫲肉」，又異於臺灣閩南族群的紅糟燒肉。醃糟嫲肉必用熟肉，不可用生肉；先敷鹽，再放進紅糟中醃漬一星期。食用前再蒸一下即可。製作紅糟多在農曆十二月下旬，除夕之後用來醃拜好的肉，是客家人的傳統年菜。

紅糟燒肉是臺灣人的家常菜，辦桌時常有的冷盤；也多見於麵攤、小吃店，美味者不少，諸如新竹城隍廟旁「西市米粉湯」，臺北「金蓬萊遵古臺菜」、「古都食堂」、「阿婆麵店」、「劉美麗」等等。劉美麗深富創意，依部位提供六種紅糟燒肉，如豬頸肉、前腿肉、五花肉，肉汁飽滿；其中有一種店家喚「小不點」者，球狀，乃豬臀部位包覆在脂肪內的小塊肉球，彈性和肉質都非常迷人。

傳統紅糟是紅麴菌、糯米共同發酵產生的糟粕，具濃厚酒香，味道甘醇，成色是自然的紅色。優質紅糟有油脂，味道油潤甘香；劣質紅糟則帶著化學味。紅麴菌能降低膽固醇、促進血液循環、降血糖、降血脂，預防心血管疾病，還可以潤腸溫胃。《本草綱目》載紅麴主治：「消食活血、健脾燥胃」，用紅糟烹調帶著養生意義。

一些紅糟，就改變了肉品的內涵和外貌，像施了胭脂的美人，很難不被吸引。紅糟燒肉的基本功是外酥內嫩，肉鮮甜；粗獷的外表，細膩的內在；有一些江湖俠義的性格，又透露裡面溫柔多情的氣質。

金泉小吃店（賣麵炎仔）
地址：臺北市大同區安西街106號
（永樂國小後門）
電話：02-2557087
營業時間：09:00-17:00
（往往下午兩三點即賣完）

劉美麗
地址：臺北市延平北路2段247巷2號前
電話：02-25535453, 0928-996677
營業時間：8:00-14:00

田仔周記肉粥店
地址：臺北市廣州街104號
電話：02-23025588
營業時間：06:00-16:30

老艋舺鹹粥店
地址：臺北市西昌街117號1樓
電話：02-23612257
營業時間：06:00-14:00

古都食堂
地址：臺北市吉林路205號
電話：02-25368642, 25675452
營業時間：12:00-02:00, 05:30-10:30

金蓬萊遵古臺菜
地址：臺北市天母東路101號
電話：02-28711517
營業時間：11:00-14:00,17:00-21:00
周一店休

阿婆麵店
地址：新北市淡水區文化路20號
電話：0955-904877
營業時間：07:00-16:00

西市米粉湯
地址：新竹市北區西安街84號
電話：03-5253341
營業時間：07:00-15:00

謝家米糕
地址：彰化縣員林鎮中正路265號
電話：0919-318646, 04-8318646
營業時間：11:00-22:00，週二店休

梅干扣肉

客家族群長期的動盪遷徙，不安全感形成了記憶陰影，時日一久，逐漸發展出以日曬、醃漬方式儲存食物的辦法，取其易攜帶保存。飲食習慣積累，沈澱，一代代感染傳承，形塑成特殊的飲食文化，這種遺傳痕跡，表現為存糧的集體憂患潛意識。

客家庄多靠山，生產條件較差，農耕經濟欠發達，更深化了儲備耐吃耐留的食物；又因勞動力較大，需要補充脂肪和鹽分，乃偏重油、鹹、陳的飲食美學。我們讀鍾理和、鍾肇政、李喬等人的小說，常可見醃菜乾菜的身影。

「梅乾扣肉」是北臺灣客家族群的美食標誌。客家菜餚中廣泛使用的酸菜、覆菜、梅乾菜皆由芥菜製成，那是在保鮮困難的年代所發明，期能長期保存這些芥菜。芥菜放入大桶裡醃漬，壓緊密封；大約一個半月之後即成酸菜。酸菜經過再乾燥處理，並添加調味料，即是梅干菜。

把鹹菜乾紮成一團一團，存放在罈子裡，越陳越香。我岳母所製的梅菜乾曬得極佳，帶著一種深刻的陳香味，濃濃的農村氣息。烹製前，梅干菜須經多次清洗，再泡水軟化，切小段，熱鍋炒香。

用黑豬肉和陳年梅干菜同烹，選肥瘦六四比例的五花肉條，汆燙後切大薄片，乾煎逼油，取出；以同鍋餘油炒香蔥、薑、蒜等配料，加酒、醬油和炒香的梅干菜蒸一個半小時，上桌時倒扣盤中。梅干菜吸收了油脂，極香；肥肉入口欲化，表現鹹、肥、香、陳的客家本色。

此菜腴嫩香滑，非常下飯，夾饅頭也適配，苗栗「龍華小吃」的梅干扣肉即附割包。小提琴家林昭亮幼年時驚豔梅干扣肉，去國後最懷念的家鄉味還是梅干扣肉，那是媽媽燒的家常菜，「那湯汁淋在飯上，我可以兩三口就吃掉一大碗」。

我規畫、設計的「客家飲食文學與文化國際學術研討會」中有一場「客家宴」，筵宴選用點水樓特製「荷葉夾」來搭配梅干扣肉，精緻荷葉形狀，以老麵自然發酵；散發出天然酵母香味，厚實而飽滿嚼勁。北大黃子平教授在這場研討會中發表〈香港的客家味：飲食文化中的「消失的政治學」〉，實地考察，論文寫完，發現血脂肪、膽固醇、血糖忽然飆高，效忠飲食義無反顧的精神，值得尊敬，他在灣仔「醉瓊樓」品嚐梅菜扣肉：「顏色醬紅油亮，湯汁黏稠鮮美，扣肉滑溜醇香，肥而不膩，入口軟爛即化。梅菜吸油，五花肉又滲透梅菜清香。此時的當務之急，是立即叫一碗上好熱而軟的米飯，拌梅菜扣肉湯汁而食之。懷舊食客，每每有因感動而淚灑餐巾之虞」。

然則醉瓊樓所製偏甜，不足為訓。其實臺灣多數的梅干扣肉在製程中也加了冰糖，客家本色薄矣。梅干扣肉的做工稍顯繁複，處理不慎即瘦肉太柴、肥肉太油，梅干菜死鹹。永和「客家小館」梅菜扣肉加入紅蔥頭燒製，蔥香隱藏在梅菜中；收汁較乾，未加糖，故沒有出現奇怪的甜味；梅干菜和五花肉搭配得極佳，允為客家小館最精采的一道菜。

幾度去三義吃客家菜，順便憑弔龍騰斷橋，此橋建造於日據時代，毀於一九三五年大地震，曾被譽為「臺灣鐵路藝術極品」，用糯米砌紅磚疊得那麼雄偉的橋墩矗立蔓草中，仍令人驚嘆當年的造橋工藝。黃昏時觀賞斷橋，有一種英雄末路的蒼涼。龍騰斷橋附近的「勝興客棧」在勝興車站前，店內的磚瓦即取自龍騰斷橋的廢磚，是懷舊味濃厚的客家餐館。

勝興車站曾是臺鐵縱貫線海拔最高的火車站，建於一九〇七年，舊名十六分驛。月臺是離別和重逢的所在，是人們擁抱、流淚的地方，我彷彿還可以聽聞便當的叫賣聲。如今一切已沈默，火車在別的軌道上趕路。

我曾經帶岳父母到中部旅遊，回程時就擇定「勝興客棧」吃飯，岳母對店家的客家味頗為贊美。

客家菜是一種鄉村菜，宜山水陪伴，宜旅遊。像「棗莊」，座落在稻田間，佔地寬廣，規劃有景觀廁所、湖畔咖啡區、柑仔店、動物區、棗園。主體建築外觀古樸優雅，室內挑高、開闊，擺設了許多工藝品，和懷舊農村家具。棗莊和「紅棗食府」很像，都利用紅棗作主題餐宴。紅棗食府的梅干扣肉搭配刈包；棗莊則紅棗饅頭夾梅干扣肉，兩者表現都堪稱傑出。

山坳間的「飯盆頭」，梅干扣肉帶著野趣，梅干菜的質地佳，完美幫助五花肉達成任務。梅干菜在這裡扮演著要緊的角色，梅干菜曬得好不好，直接關係到成敗。「八方園」的梅干扣肉可能是我經驗過最優的，那梅菜乾曬得極佳，帶著一種深刻的陳香味，濃濃的農村氣息。餐館斜對面即是揚昇球場，打完十八洞，吃八方園的梅干扣肉，痛快淋漓。

不知何時能再帶岳父母去勝興吃梅干扣肉？吃飽飯再觀賞龍騰斷橋，喝咖啡。每次憑弔火車不再回來的驛站，那廢棄的鐵路斷橋，我可以想像從前交通不便時，半夜孩子發高燒，父母背著在鐵道上奔跑，過橋，朝鎮上的診所奔去。

青春是再也喚不回了，卻可能會老得漂亮，像我們亟待開墾的智慧。像梅干菜，油脂牽引菜乾，引出甘味；那菜葉久經發酵，蘊蓄出獨特的香氣，和陽光的味道。

勝興客棧
地址：苗栗縣三義鄉勝興村14鄰72號
電話：037-873883
營業時間：10:00-14:00, 17:00-20:00

棗莊古藝庭園膳坊
地址：苗栗縣公館鄉福星村43-6號
電話：037-239088
營業時間：11:00-15:30, 17:00-21:00

紅棗食府
地址：苗栗縣公館鄉福基村45號
電話：037-224688
營業時間：11:30-14:30, 17:30-20:00

飯盆頭
地址：苗栗縣南庄鄉南江村小東河8-1號
電話：037-825118, 0921-346118
營業時間：10:30-19:00

八方園
地址：桃園縣楊梅鎮永寧里4鄰22號
（揚昇高爾夫球場路口處）
電話：03-4784735
營業時間：11:30-14:00, 17:00-21:00　週一店休

客家小館
地址：新北市永和區智光街22號
電話：02-29483358, 31517777
營業時間：11:30-13:30, 17:30-20:30

醉瓊樓酒家
地址：香港灣仔軒尼詩道289號地下B舖
電話：852-25111848
營業時間：07:00-23:00

封肉

詩人二毛在北京經營「天下鹽」餐館，詩藝融入廚藝，整本菜單設計得像劇本，如「第一幕」引自己的詩句：「有一種吻很肥 有一種吻很瘦／有一種吻像五花肉」。喻吃五花肉為吻，一層肥糯一層瘦肉，軟嫩，滑爽，奇香，竟令他聯想體態豐腴的美女。二毛擅搞肉，大抵是川菜一路，口味甚濃。不知道他嚐過臺灣的客家封肉沒？

客家封肉即滷肉。分大封、小封，大封是用蹄膀或大塊五花肉滷製；小封就是紅燒肉。封肉的「封」字是指烹煮過程不掀鍋蓋，密封食物於容器內，直到爛熟。封的發音有豐富、豐盛、敕封寓意，象徵封官高陞。

閩南同安也有「封肉」：將整塊的肉裝盆，配以板栗、香菇、八角、桂皮、乾蝦仁，加蓋入籠蒸熟之，上桌才掀蓋。

臺灣客家封肉不同：用大塊五花肉腩，先入沸水中燙熟，再油炸，須炸至豬皮臌脹；這是一種走油工序，滷了之後才不顯油膩。滷製用醬油、大蒜、黃酒，喜歡甜味者可酌量加一點冰糖，卻不可多。因講究原味，不加八角或中藥材；亦可捨冰糖，鍋底放些壓碎的甘蔗同煮，以增加色澤和甜味。

萬家香醬油董事長吳仁春受訪時說：客家封肉帶著深層的文化意涵，隱含早期客家人生活清苦，必須耗費大量的體力勞動，喜歡吃肥豬肉補充熱量。在艱困的年代，吃封肉是奢華的享受，只有在過年或特別時節才吃得到。封肉是客家喜慶宴會時的佳餚，後來也成為閩南人的辦桌大菜。

客家人愛吃筍乾，所製封肉常加入筍乾，筍乾必須先泡水去酸味，再燉煮。京劇名角朱陸豪小時候家裡窮，只有過年才能吃到筍乾封肉：筍乾跟肥豬肉、雞肉、雞骨一起燜燉。朱陸豪出生在舞臺，活躍在舞臺，他演美猴王，靈活在舞臺上翻滾跳打，被稱為「臺灣第一武生」。武功這麼好，肯定常吃筍乾封肉。

封肉需要一瓶好醬油。醬油允為滷肉的美味關鍵，目前坊間所見多為混合式醬油，即以胺基酸分解液為原料，添加純釀造醬油而成，成本低廉。滷肉一般需時半小時以上，只有純釀造的黑豆蔭油才能越滷越香；黃豆所釀，難臻此甘醇風味。至於化學醬油僅幾天製程，有害健康，不足掛齒矣。

臺灣「黑龍」、「瑞春」是我欣賞的醬油公司，老老實實以黑豆釀造，日曝120天以上，製程達四至六個月。我曾去民雄採訪「黑龍蔭油」工廠，了解洗豆，浸豆，蒸煮，製麴，翻麴，洗麴，悶麴，下缸，日曝，壓榨，過濾，調煮等繁複的製程，真是一段漫長的路程啊。好漢不怕事來磨，我需要這樣的勵志故事。

古代祭祀用的豬肉必須切得方方正正，孔老夫子說的「割不正不食」。作法則必須細火慢燉，遵循蘇軾〈豬肉頌〉所示：「少著水，柴頭罨煙焰不起，待他自熟莫催他」。這幾乎就是製作封肉的方程式了，唯有如此，肉質才滑嫩富彈性，肥肉幾乎入口就化，瘦肉也軟爛、不塞牙。袁枚在《隨園食單》記載三種紅煨肉的燒法，類似東坡肉的作法：

或用甜醬，或用秋油，或竟不用秋油、甜醬。每肉一斤，用鹽三錢，純酒煨之；亦有用水者，但須熬乾水氣。三種治法皆紅如琥珀，不可加糖炒色。早起鍋則黃，當可則紅，過遲則紅色變紫，而精肉轉硬。常起鍋蓋，則油走而味都在油中矣。大抵割肉雖方，以爛到不見鋒棱，上口而精肉俱化為妙。全以火候為主。諺云：「緊火粥，慢火肉」。至哉言乎！

然則我們渴望的紅燒肉有什麼具體內容？它應該包括了優質的農牧產品、地方特色、高超的烹飪技藝、感官的愉悅、合理的消費機制等等。食物的安全、營養、美味所彰顯的，不會僅是業者個別的成果，而是當地整體的文化水平。安全指的是食物未遭污染，如化學物質、工業廢棄物、有害微生物等等。

遺憾吾人吃肉常不免提心吊膽，在臺灣，總是有不肖商人，給我們吃口蹄疫豬肉、病死豬肉。自然豬的誕生，是一群歷經慘痛經驗的養豬戶，決定區隔市場，遂在一九九八年組成「肉品運銷合作社」，將自家牧場的豬納入 HACCP 生產流程監控，嚴格控管豬隻從出生、飼養、屠宰、包裝到運輸的過程，強調安全和衛生，標榜無抗生素殘留、無磺胺劑、無荷爾蒙，並經過雙重認證。這種「夢幻豬肉」最大的特色並非豬的品種，也非肉質，而是豬場管理。這是優良農牧業的起步，也是提昇飲食文化的有效途徑。

最近參觀上海崇明島的泰生農場，裡面飼養了兩萬頭豬。為了開放旅遊，農場除勤於清理豬隻排泄物，也利用發酵床，豬圈鋪設木屑、稻殼，以供排泄，並時常攪拌，置入微生物，分解惡臭物質，豬圈周圍密植香樟，建高籬，架設噴霧管路，釋放臭氧以分解臭味，其間還含香精油，難怪我走近時異味甚淡。

農業總監林宗賢教授陪我走到堆肥場，說明豬糞經固液分離後，如何混合稻杆、蘆葦、雜草、蔬菜殘株、廚餘製作堆肥；污水則排到六個生化塘，逐塘淨化後，再回歸豬圈，或灌溉農田，一方面製造沼氣，一方面希望零排放。

像日久彌篤的義氣，封肉的特色是回熱不變味；又具梁山泊好漢的性格，大塊吃肉，大口吃飯，痛快豪邁。

搭配封肉宜淡，宜熱，燙嘴的白米飯最能表現其脂香。它的肉味，它的氣息，充滿了挑逗，像忍不住的激情。有人光吃封肉不搭配熱飯嗎？一塊情慾魅人的封肉，如果沒有一碗熱呼呼的白米飯，顯得多麼寂寞。

大塊吃肉，大口吃飯，美得彷彿在咀嚼上帝的名字，激情，渴望，完全被勾引出來，在心頭奔騰。然則，路人皆知肥肉吃多了有礙健康；其實任何再好的東西吃多了都不好。它的情慾性格，總是誘人饞涎，予人狂喜，令人忘記危險，越過養生的分寸像越過道德的禁區。

逸鄉園

地址：臺北市忠孝東路一段152號2樓

電話：02-33932729

營業時間：11:30-14:30, 17:30-21:30

涂媽媽廚房

地址：嘉義縣民雄鄉建國路一段429號

電話：05-2264650

營業時間：11:30-14:00

西台餐廳

地址：屏東縣內埔鄉內埔村廣濟路12號

電話：08-7792135

營業時間：09:00-13:30，晚上須訂位

爆肉

演講結束，我看了一下腕錶，時間正好，現在去小港機場，可以從容搭飛機回臺北。有沒有問題？聽眾席沈默著。我收拾桌上的東西，準備離去，高雄文學館的館長忽然對聽眾說：你們看臺上的葉教授和臺下的葉教授是不是長得很像？我快步走出會場時，中山大學葉教授跟了來，他表明為了聽這場演講，三個月前即排開所有事情云云。我客氣地說謝謝捧場。也許看我不太搭理，逕自快步離開會場，慌忙追趕過來擋在面前說：我是你大哥。我看他出示的身分證，沒錯，同一個父親，眼前這位高大英挺的教授確實是失散五十年的大哥。我說對不起，真的要趕飛機，回臺北我們再聚聚。

我約了大哥大嫂在永寶餐廳餐敘，聽他敘述我的幼年往事，以及我幾乎未曾見面的父親。我點了一些招牌臺菜，包括「卜魚、卜肉」，即乾炸魚條、乾炸肉條。

「卜」在這裡是什麼意思？當然跟預兆、姓氏無涉。追究起來，恐怕是市肆約定俗成的筆誤。「卜」的臺語發音近似「爆」，油爆的意思，可能是客人點菜時為了較容易書寫，以訛傳訛，遂俗成「卜」字。準此，則爆肉即油爆肉條，爆魚就是油爆魚柳，爆肉和爆魚外形一樣，後者截然不同於魯菜中的爆魚概念，魯菜所製是將草魚或青魚切成1.5公分左右的魚片，炸熟後浸泡醬汁。

臺菜的爆肉和爆魚像兄弟，經常一起出現在盤中，蘸胡椒鹽或番茄醬吃。工序是將魚肉和裡脊肉切成條狀，調味後，裹麵糊油炸，首在表現外酥內透的口感，需趁熱食用才好，是普遍受歡迎的臺灣小吃。

二〇〇六年逯耀東教授遽爾辭世，我為他在永寶餐廳辦一場紀念餐會名曰「懷念的滋味」，邀請他生前的好友聚餐，大家吃吃喝喝，假裝逯老師還在。當天我也安排了爆肉、爆魚，魚肉條和裡脊肉條裹粉油炸，兩者皆外酥內鮮，其特色是麵糊不加發粉，也沒有沾酥炸粉，滋味雋永。

永寶餐廳擅烹古早臺菜，大抵為庶民吃食，體現平凡中的質樸美。創業者「老鼠師」陳永寶從一九六七年起專營外燴，打響名號後開設餐廳；第二代掌門人陳欽賜完全繼承父親的廚藝，保留古早的辦桌滋味，更不斷研發創新。世事多變，永寶舊址改建大樓後即歇業；倒是我和那裡藕斷絲連般，多年後竟搬遷住進該棟新大樓。

爆肉、爆魚通常先油炸半熟，上桌前再炸至金黃，能迅速上菜，乃理想的下酒佳餚；是臺灣辦桌菜，也是尋常的酒家菜。日據時期臺灣最頂級的酒家「江山樓」名饌中即有「生炸卜肉」。聽大哥說父親非常風流，當年做水泥生意，夜夜流連煙花世界，醉臥溫柔鄉時。他應該吃了不少爆肉。

既為炸物，我想像那豬肉若先用鹽、花椒、胡椒醃過再裹粉油炸，味道應當更優。不過在家自製油炸物大抵不若餐館所製，蓋一般家庭皆小鍋小灶，材料一下鍋，油溫立降；不像商家用大鍋油，熱容量（caloric capacity）大，較能維持溫度。

高明的臺菜館都能烹出美味的爆肉和爆魚，如明福餐廳的「卜魚」。景美「義興樓」的「炸卜肉」用的即是無油花的腰內肉，油炸前先醃以醬料，裹上蛋液麵衣，外皮香脆，肉質鮮嫩。

爆肉尤風行於宜蘭，羅東夜市即有「一哥」、「小春」等名攤。三星鄉天送埤「味珍香卜肉店」麵衣用醬油、糖、蛋、太白粉、麵粉等調製，酥炸後帶點甜味；工序特點是油炸兩次，外酥內嫩且多汁。店內張貼了一小段文字講述味珍香的故事：第一代創業者為吳秀，戰前在羅東鎮開設居酒屋，日本食客授以豬肉炸物技巧，吳秀據以製出風味獨特的炸肉云云。傳說爆肉源於此店，並不可信；蓋日據時期的酒家就已普遍，它受到日本料理的影響，如「天婦羅」之屬是可以理解的。

幾年前清明，大哥發來電郵：「清明祭父，上午十點我在捷運六張犁站等你，什麼都不必帶，我準備」。我考慮了一天，終於回覆電郵拒絕。我自幼雖被遺棄，對父親並沒有任何恨意，可我不認識他呀，為什麼去祭拜一個陌生人？

也許因此，大哥不再連絡。前年春節我打電話，他正在英國，說返臺後相聚。之後打了幾次手機都無人接聽，這是我最後一次聽他的聲音。

我偶爾想起大哥，卻始終不了解他，有一天在搜尋網站上鍵入他的姓名，竟跳出「葉振輝紀念部落格」：專研臺灣史、中國外交史、憲法、海洋法，「臺灣歷史教父」、「班上第一長人」。可能是學生們為他建構的，內容有短片和一些懷念的文字，是他，沒錯。我看到他的背影在鏡頭下漸行漸遠。

我有時會想念大哥，忽覺爆肉爆魚飄香。

味珍香卜肉店
地址：宜蘭縣三星鄉三星路七段305號
預約電話：039-892960
營業時間：10:00-17:30，農曆初三、十七店休

義興樓
地址：臺北市文山區景文街121號
預約電話：02-29313966
營業時間：11:30-14:30, 17:30-21:30

明福餐廳
地址：臺北市中山北路二段137巷18號之1
預約電話：02-25629287
營業時間：12:00-14:30, 17:30-21:00

鴨賞

駕車去宜蘭考察餐飲偕妻女同行，全家人暴食了一天。翌日上午老婆肚子絞痛，趕緊送去羅東聖母醫院，急診室醫師問完診，囑咐先照腹部X光，驗血，吊點滴。我們在天上的父，願人都尊祢的名為聖，原祢的國降臨，妻女和我都默默禱告著，希望不是化療產生的後遺症，希望祂解除我們的不安徬徨。

我們全家好像迷失在異鄉。母女三人壓抑而節制地交談，彼此努力想安慰對方卻找不到適當話語，勉強在等待的緊張中擠出一絲笑容。急診室只允許兩位親屬陪伴，我說，你們在這裡陪媽媽，爸爸出去走走就回來。

走出聖母醫院，忽然置身無邊的暑氣中，攤販似乎都躲藏起來了。我踅進傳統市場閒逛，復走在騎樓下，走著走著走到了羅東夜市，經過「阿萬之家」門市，進去買一包鴨賞；又經過「博士鴨」，再買一包。上次吃鴨賞是許多年前了，它還鹹得要命，跟宜蘭另一種名產膽肝相同，吃一小口幾乎可以配半碗飯。如今人們的口味輕淡了，食品多標榜健康概念，商家製作鴨賞也非昔時重口味。

暑氣無邊。我們在天上的父，投靠祢的，祢將作為我們的庇蔭。醫師看完檢驗報告，猜測只是昨天吃太多吃壞了肚子，沒什麼大礙。我忽然覺得很滑稽，什麼美味令一個正在作化療的病人吃太多太猛？

鴨賞是昔日臺灣人跟惡劣環境奮鬥的意外成品，亦是珍惜福份的產物。所謂「竹風蘭雨」意指新竹多風，宜蘭多雨。蘭陽平原多溪澗隰地，冬山河尚未截彎取直前，每逢豪雨輒氾濫成災，不可思議的是頻密的水災，竟還開墾出數百頃的看天田。颱風季，稻穗若來不及成熟搶收，被水患摧毀的米穀，則用來養鴨，早期有些養鴨人家趕鴨子到淖田裡飼養，鴨群嘎嘎在淖田間俯仰覓食，格外婀娜多姿，其糞便又變成有機肥，滋潤了田地。

接受即能超越。大規模的養鴨產業，若生產過剩，養鴨人家以煙燻保存，即成鴨賞。製法相當費時費工：整治乾淨的光鴨用竹片撐開成扁平狀，抹上粗鹽、胡椒等調味香料，醃漬一整天，以木炭燒甘蔗皮燻烤致熟；待甘蔗的甜氣滲透入鴨肉，再剔除骨架，風乾。鴨賞盛產於每年秋末春初，冬北季風強勁時，成品表皮呈橘紅色，外貌油亮豔麗，風味芳醇，可零食可宴客可下酒佐餐，通常涼拌吃，也適合蒸炒，當然也可以搭配其它材料烹調，我想像它用來炒飯會非常可口。

養鴨及製作鴨賞以五結鄉聞名，如「謝記」、「凸桑」、「阿萬」。美味的關鍵，首先是鴨的品質，經營鴨賞已一甲子的「阿萬之家」就標榜選用養足一百二十天的菜鴨製作。其次是各家不傳之秘的製作技術，「謝記鴨賞」聲稱遵循古法採「甘蔗頭」燻煙，選用土番鴨，用獨特香料醃漬入味。「凸桑鴨賞」則是先碳烤鴨隻再蔗燻，燻製完再去骨，滋味富層次感。

美味隱藏在堅持和細節中，阿萬的木質烘烤箱像衣櫃，鴨隻衣服般一串串掛著，下方是炭火慢慢烘烤的白甘蔗。他們講究製作的每一個步驟，平均製一隻鴨賞需時三天。第三代掌門人賴政宏受訪時說：「很多人以為鴨賞只是再製品，靠調味料醃一醃就好，用劣質的肉就可以，有人甚至用淘汰的老母鴨，完全無口感可言。」

鴨賞之名有二說：其一，早期農業社會，鴨賞堪稱高檔伴手禮，帶著犒賞的意思，用鴨肉犒賞也。其二，製作鴨賞都掛起來風乾，一排排金黃色的鴨在夕陽下，豔色撩人，乃值得欣賞的地方風景。

聖母醫院急診室醫師的宣布像一份禮物，我取消接下來的考察行程，直接就上蔣渭水高速公路回家。坊間的鴨賞已全面輕淡化，適宜化療病人的輕淡口味。這天的晚餐主菜是鴨賞，我將蒜苗切細絲，滴一些檸檬汁和香油，拌阿萬之家的鴨賞。那蔗燻鴨肉味，像風的祝福，拂掃掉疑懼，帶來平靜輕鬆的言談，取笑可能的危險，取笑貪吃的病人。

生活的喜悅在咀嚼一口鴨賞時，蒜苗的辛，檸檬汁的酸，和香油一起襯托鴨肉，甜，鹹，和清晰的煙燻蔗香。

阿萬之家

地址：宜蘭縣五結鄉利澤村利成路二段60巷20號

電話：03-9503511

營業時間：09:00-20:00

謝記鴨賞

地址：宜蘭縣五結鄉五結路二段367號

電話：03-9504628

營業時間：09:00-21:00

凸桑鴨賞

地址：宜蘭縣五結鄉協和村親河路二段57號

電話：03-9503432

營業時間：09:00-20:00

櫻桃鴨

李蕭錕在宜蘭開畫展「山中花開」，駕車上路後即開始撥電話直到抵達宜蘭；太太癌病復發一年多來，一天比一天忙碌，幾乎已到了分秒必爭的地步，如今好像只能利用駕車時打電話了。距畫展開幕時間尚早，先到「饗宴鐵板燒」用餐，菜色頗夥，其中一道櫻桃鴨沙拉，用肥厚的鴨胸肉兩面乾煎，鐵板的熱度很快逼出鴨油，切片，加入豆薯、小黃瓜、羅蔓、南瓜、番茄的沙拉盤上，秀色誘人，鮮嫩，嚼勁足。

上一次吃櫻桃鴨也是在宜蘭，那是妻子最後的家庭旅行。吃櫻桃鴨最出名的地方莫非蘭城晶英酒店「紅樓」中餐廳。晚餐我們點了一隻烤鴨，有多種吃法：片鴨包三星蔥皮，鴨肉壽司，銀芽鴨肉絲，滋粑櫻桃鴨，白菜煲鴨湯。

廚師例行桌邊片鴨秀，服務員用三星蔥麵皮捲起剛片下來的鴨肉，油油亮亮，膚色保養極佳，其蘸醬加了蘋果提味，賦予烤鴨一種清新感；捲餅內另有三星蔥，分白蔥和酥炸兩種。銀芽鴨肉絲特別之處在於加入蘋果絲炒作，相當爽口。鴨肉壽司放在銀湯匙裡，醋飯，起司，鴨肉，鴨皮；微酸，微甜，微鹹，深刻的香，像感情融洽的家庭成員生活在屋簷下。

純白色的櫻桃鴨是品種名稱，來自英國的櫻桃谷，全名「櫻桃谷品種北鴨」，是一種生長迅速的瘦肉型鴨子。肉質細緻無腥羶味，油脂分布均勻。

蘭城晶英酒店的櫻桃鴨，出自鴨農黃明杰，牧場在三星鄉蘭陽溪支流旁，水質好，標榜純淨無污染的環境。據說他養鴨像照顧兒女，圈養過程幾乎夜夜守在鴨寮，讓牠們吃高檔伙食，還餵以酵素幫助消化；並提供鴨子寬敞的遊樂場，地面鋪碎石，避免塵土飛揚。三星鄉日夜溫差大，刺激櫻桃鴨食慾，從雛鴨到成鴨約七十五天。體態優雅，個個像勤上健身房，胸部隆厚多肉，曲線魅人，號稱鴨界波霸。

櫻桃鴨不同於北京填鴨。烤鴨之鴨種以純白為佳，野鴨、花鴨都非上選。北京所用之鴨率皆來自通州，鴨隻運抵，需施以填肥工序，梁實秋在〈燒鴨〉中記述填鴨：

以高粱及其他飼料揉搓成圓條狀，較一般香腸熱狗為粗，長約四寸許。通州的鴨子師傅抓過一隻鴨來，夾在兩條腿間，使不得動，用手掰開鴨嘴，以粗長的一根根的食料蘸著水硬行塞入。鴨子要叫都叫不出聲，只有眨巴眼的分兒。塞進口中之後，眼看著再填就要撐破肚皮，這才鬆手，把鴨關進一間不見天日的小棚子裡。幾十百隻鴨關在一起，像沙丁魚，絕無活動餘地，只是盡量給予水喝。這樣關了若干天，天天扯出來填，非肥不可，故名填鴨。

除了生長過程的差異，吃櫻桃鴨不可或缺三星蔥。三星鄉位於雪山山腳下，生長在這裡的蔥，旦夕喝潔淨的蘭陽溪水，地靈蔥傑，唯好山好水好土質能孕育出如此美蔥，細緻，厚實，甘甜，蔥白長，纖維少，清脆滑口。難怪被譽為天下第一蔥。任何餐館只要標榜它使用三星蔥，立刻就像人的頭上出現光環。

蔬菜中，蔥和薑、蒜一直扮演「沒有聲音」的龍套，幫助別的食材變成佳餚，當美味完成，便功成身退，不居功，不搶風頭。然則也不見得總是跑跑龍套，或只當配角，在高明的廚藝下，隨時可以獨當一面。如三星蔥，無論新鮮的白蔥或炸蔥，皆能有效提升鴨的氣質。

我喜愛生長自大地的蔥，有著豐富的表情。青青白白的三星蔥，含蓄蘊藉，充滿生命活力。雖然，有一段時間對我來講，它們的觀賞價值超過食用價值。沒有人能真正忽略美麗的事物。三星蔥很能表現鄉土風情，在臺灣，它深刻了飲食文化。高明的菜單中，它可以當主角，不是為了健康，純粹是追求美味。

宜蘭的農業很厲害，除了三星蔥、櫻桃鴨，還有禾鴨米。禾鴨米表現為一種親和式的自然農耕法，鴨和稻共棲共榮。路人皆知，稻田裡的福壽螺、負泥蟲除之難盡，往往依賴農藥。宜蘭多鴨，趕鴨子入稻田，痛吃害蟲；鴨子的排泄物又是有機肥料，回饋給稻田。

那晚的櫻桃鴨晚宴如夢似幻，也是妻子最後的烤鴨宴。櫻桃鴨在我記憶中一天比一天美味，在我的想像中日益感動人心。我常常追憶太太最後參加的家庭之旅，希望不久能帶著女兒舊地重遊，讓她們多談談媽媽，懷念媽媽，千萬別像爸爸壓抑，要勇敢流淚。

蘭城晶英酒店「紅樓」中餐廳

地址：宜蘭縣宜蘭市民權路二段36號

電話：03-9101011

營業時間：11:30-14:00, 17:30-21:00

饗宴鐵板燒

地址：宜蘭縣羅東鎮河濱路326號

電話：03-9657998

營業時間：11:00-21:00，除夕店休

萬巒豬腳

我在海鴻飯店買了外帶豬腳，急著坐下來享受，摩托車騎得賊快，在兩旁有香蕉園的鄉道上不斷催緊油門，放眼望去，近處的香蕉園，檳榔樹和水稻田，稍遠處的山，渲染著客家村莊深淺交錯的綠意，水光粼粼似乎在雀躍，風在耳朵旁邊激動呼嘯。

車禍發生得太突然，我來不及踩剎車，剛剛聽到碰撞聲人已經飛了出去。摩托車全毀，我的門牙斷了兩顆。事後回想，為了豬腳撞斷兩顆門牙算什麼，我只是覺得沒面子：吃豬腳咬斷了牙齒才是好漢，車禍不是。

海鴻飯店創立人林海鴻先生日據時代就在萬巒市場邊擺麵攤賣蚵仔麵線，臺灣光復後，得到高人指點，麵攤兼賣紅燒豬腳，他滷的豬腳入口香脆而不油膩，調製的蒜蓉醬眾香發越，生意日益興旺，乃專賣滷豬腳，影響所及，附近紛紛出現了豬腳專賣店。

海鴻飯店這麼出名，又得自蔣經國先生的加持，一九八一年春節，他忽然來這裡吃豬腳、烏魚膘、粄條。如今看來，經國先生真是小吃貴人，他品嚐過的小吃都聲名大噪，一夕典範化，食客絡繹不絕，「萬巒豬腳」也是因他而確立了地位，萬巒也因而成為滷豬腳的標誌。

經國先生常穿著夾克深入街坊市場，光顧過的商家都會在最醒目的地方掛上他來訪的照片。經營小吃相當辛勞，位卑利薄，鮮少人願意傳承這行當；然則經國先生光顧過的小吃攤，往往成為可以傳承後代的事業。他為何來到老市場吃豬腳？在他垂暮之年，美麗島大審剛過，威權體制開始鬆動，臺灣社會即將脫胎換骨，民主改革的呼聲像萬巒豬腳般，成為我們的豬腳共識。

唐魯孫當年熟識林海鴻，記述「他們生意越做越大，所雇專門清洗除毛的女工就有十多位」。現在的海鴻飯店已頗具規模，門口的工作檯有二十幾個員工不停地剁切豬腳；食物除了豬腳，還供應各種冷盤、熱炒、炸物和湯品，更開設了多家分店。

後來，民和路、褒忠路一帶被闢為萬巒豬腳街，並鋪設約百米的鏤花路面，鏤有萬巒地區導覽圖，由客家藍衫、檳榔及豬腳等圖形拼成。街上知名的豬腳店包括海鴻飯店、熊家豬腳、林家豬腳、李家豬腳、萬泰豬腳店、萬佳豬腳店、藝香豬腳店、大人物豬腳店等等；其中最早設立的就是海鴻飯店，現在已是第三代在經營。熊家豬腳店位於褒忠路，起初在舊市場開雜貨店，後來轉賣豬腳，到了第三代經營，更到車城鄉開設分店，是一家大型餐館，外觀氣派，有時尚感。林家豬腳的創始人林陳玉妹，乃林海鴻的堂妹，萬巒豬腳紅火後，林陳玉妹也在海鴻豬腳對面開了這間「正宗林家豬腳店」。

短短一條街聚集了這麼多豬腳店，大小招牌參差林立，展演著一種壯觀的集體符號，眾鑊騰芳，空氣中瀰漫著燒豬腳的香味，也混合了彼此較勁的氣息。

萬巒豬腳例用豬前腿，取其油脂少，纖維較短，小肌肉交雜較嫩，肉質口感較佳。製作程序大抵是：拔毛，洗淨，去除部分筋膜，汆燙，浸泡冰水，用醬油、冰糖、水、中藥材滷一個半小時左右，撈起，吹涼。據說吹涼這工序能收束油脂，令豬腳皮顯現脆感。蘸醬以醬油膏和蒜泥為主，各家又有不傳之秘。

那豬一生不曾洗腳，我們吻它前必須認真收拾，一根根仔細拔毛；萬不可馬虎，很多商家為儉省成本、追求速度，僅草率用火燒掉皮毛，吃進口裡不免滿嘴毛根。

我在家滷豬腳最耗時費力的莫非拔毛，用夾子一根一根拔掉，待腳毛完全拔除，入沸水中汆燙，撈起，在流水中刷洗潔淨；如此這般沸水滾燙，刷洗，重覆三遍，才進滷鍋。滷製是一種入味的美學手段，須小火慢燉，令裡外均滷透入味。豬腳街各家滷製技術大同小異，味道相近，優劣之關鍵在於滷汁內所含之中藥材，以及蘸醬。

萬巒豬腳獨特之處在滷製配方和蘸醬，有效去油，皮、肉、筋結合完美交融，韌中帶脆。講究皮膚光潔而腴滑，肉醇質爛又飽含嚼勁，脫胎換骨般，徹底提昇那隻腿的境界。

面對動人心弦的美腿，不免朝思暮想，日久升起一種義無反顧的眷戀；雖然植了假門牙，我仍時常思念著萬巒豬腳，咬它，如用激情的耳語說話。

海鴻飯店

地址：屏東縣萬巒鄉民和路16號

電話：08-7811220, 7810782

營業時間：07:00-20:00

正宗萬巒林家豬腳

地址：屏東縣萬巒鄉萬巒村民和路1號之4

電話：08-7811785,7810489（傳真）

營業時間：週一至五06:00-18:00

例假日06:00-19:00

熊家萬巒豬腳餐廳

地址：屏東縣車城鄉保新路105號

電話：08-8825656

營業時間：11:00-21:00

野蓮

方杞說走，帶你去美濃「合口味」晚餐。他是星雲大師的俗家弟子，自幼失聰，平常都靠讀唇或大嫂幫忙溝通，現在專心駕車，偶爾轉頭講幾句調皮話，渾然不理會任何回應。我想像他的世界是靜謐的，不會有噪音干擾。方杞茹素，為了款待我這個大飯桶，還是熱情地點了滿桌菜餚，包括客家小炒、薑絲大腸、梅干扣肉，他自己只吃清炒野蓮。

野蓮是美濃特有的野菜，臺北貨源不穩，想吃得憑一點運氣，每次見餐廳有貨，總令眼睛一亮。合口味的炒野蓮，每天現採，用蔭黃豆、薑絲拌炒，爽脆，彈牙，帶著奇異的清香。

南部人叫它「野蓮」，北部人稱「水蓮」，需生長於潔淨之活水塘，裡面需有魚有螺有蝦活動才好，採回家用嫩薑絲一起炒，再加一點客家蔭黃豆調味，清新可口。

薑絲用來襯托野蓮的清香；蔭黃豆的功能是調味，取代了鹽，此乃客家族群的特色醃醬，新屋鄉著名的白斬鵝肉就是靠它，才得以名揚四海。除了作為蘸醬，其酸甘風味，也適合蒸魚、炒菜。若缺乏蔭黃豆，用破布子取代亦可。

起初，這種水生植物生長在美濃中正湖，先民採集來補充日常蔬食，帶著維生意義。野蓮歡喜熱鬧，有潔癖；後來養豬廢水持續排入中正湖，湖水急遽優養化。大約在一九七五年間，美濃人才將它當作物栽培，移植到附近的水塘種植，從瀕臨滅絕中搶救成日常蔬菜；此後，生產與消費持續增加，美濃的粄條店多供應有炒野蓮。

栽植野蓮像插秧，先種入軟泥裡；水深影響莖長，放水時不能一次淹沒葉片，隨著它的抽長，逐漸注潔淨的井水入塘。一般人工野蓮池深度約 150 公分，採收時先放水降低水位，手伸直構到根部處，整株拔起，再摘除葉子，清理附於蓮莖的水藻、福壽螺，挑選，帶回家仔細清洗，一束束紮起來。

野蓮的學名叫龍骨瓣莕菜，又稱水蓮、銀蓮花、水皮蓮、捲瓣莕菜、一葉蓮等等，成長快，價格低廉，採收者需著防水青蛙裝，有時必須長久跪著採集，備極辛勞。如今除了高雄美濃還有零星的野生族群，野蓮菜已經廣泛分佈於臺灣的池塘溼地中。

野蓮花只開一天。其莖採收後須盡早食用，否則快速老化。為挽留青翠的外貌，和爽脆的口感，宜用猛火快炒。它帶著努力愛春華的啟示，光陰令一切發生變化，曾經清潔的環境會變得骯髒，花開花謝，曾經強盛的國家會傾向衰頽，財富不免消耗殆盡，健康的身體忽然就老病了。

它也呈現了臺灣社會的今昔之比。它還是野菜的時候，只居住在美濃，總是活得很老，像當時中正湖的野蓮就有兩三根竹竿那麼長，而且像筷子般粗，烹調之前須先像搓衣服一樣，搓軟了再炒。

晚近人們才發現了野蓮的清香之美。其色澤生機蓬勃，在水底搖曳生姿，蓮葉浮在水面上靜止不動，嫻靜的形容，令人心儀，令折磨於生活的精神，有一個翠綠鮮豔的夢。它的內涵很澹泊，一種充分內斂的情感，如此隱約，含蓄，節制，適合在安靜的時刻細品。

也因此最宜清炒，有人面對野蓮時喜歡加肉絲炒製，不免有蛇足之嫌。像不施脂粉的村姑般多好，清純美麗，接近時散發自身的暗香，而不是化妝品氣味。美濃人使用黃豆醬快炒野蓮，賦予它客家文化的符碼，並形塑出新傳統，召喚認同的特色青菜。我似乎聽見了那召喚。

前幾天專程去高雄，在左營高鐵站租了一部車，直接就開上高速公路赴美濃，來到合口味正好是午餐時分，吃了豬腳封、炒粄條、薑絲大腸，自然不能忽略思念的野蓮。

咀嚼間明明知道它纖維質豐富，卻展現柔嫩感，纖弱感。吃飽飯，特地去中正湖，野蓮的故鄉，已經沒有了野蓮的蹤影；倒是旁邊開闢了許多野蓮田。野蓮總是讓我想到方杞，一個才華橫溢又坦蕩的摯友，一條澹泊名利的好漢，江湖少見。

這世界，味覺的喧嘩令人沮喪。當舌頭疲倦於油膩和溷濁，野蓮訴說著安靜，澹泊，如清風吹拂著美麗的塵緣。

合口味
地址：高雄市美濃區民族路3號
電話：07-6811221
營業時間：11:00-14:00,17:00-20:30

美光粄條
地址：高雄市美濃區中山路一段87號
電話：07-6811420
營業時間：07:00-19:00，週四店休

有能粄條老店
地址：高雄市美濃區中正路一段16號
電話：07-6812946
營業時間：09:00-19:00

温州大餛飩

溫州沒有「溫州大餛飩」，臺灣才有。常見的內容形式是大餛飩，湯內另有海苔、小白菜、蛋絲、榨菜和蔥花，發展至今，主要有鮮肉餛飩、菜肉餛飩、鮮蝦餛飩三種。它的問世，是歷史的偶然。

餛飩也寫作「餫飩」，四川人叫「抄手」，廣東人喚「雲吞」，山東人稱「餶飿」，閩、臺則名「扁食」。其歷史悠久，至遲在漢代即已出現，大江南北都有，偃月狀也已成形，南北朝時北齊人顏之推說：「今之餛飩，形如偃月，天下通食也」。到了宋代，已是大眾化食品，城市內多餛飩店。

此物自古即講究湯清餡細，然而像唐．段成式《酉陽雜俎》所載：「今衣冠家名食，有蕭家餛飩，漉去湯肥，可以瀹茗」。說餛飩湯清澈到可以泡茶，實在很誇張。不過餛飩之製作並非易事，陸游詩云：「春前臘後物華催，時拌兒曹把酒杯；蒸餅猶能十字裂，餛飩那得五般來」。唉嘆餛飩之精緻，非一般家庭廚房易為。

我自習烹飪之初，曾製紅油抄手待客，竟獲廚藝家梁瓊白贊賞，害我得意了好幾天。同治年間，楊靜亭在《都門紀略》有一首打油詩贊頌北京「致美齋」的餛飩：「包得餛飩味勝常，餡融春韭嚼來香，湯清潤胳休嫌淡，咽來方知滋味長。」梁實秋也盛讚致美齋的煎餛飩：「每個餛飩都包得非常俏式，薄薄的皮子挺拔舒翹，像是天主教修女的白布帽子。」

一九八九年我初訪北京，吳祖光、吳霜父女帶我去鐘鼓樓品嘗風味小吃。昏黃的燈下一張桌、兩張椅，忽然想表現騎士精神。吳老、吳霜你們先坐，我去問老闆娘要椅子。那年頭好像大家心情都很壞，我一路挨罵怕了，未開口先鞠躬，請問還有椅子嗎？不料立刻被她指著鼻子斥罵：你不會站著吃啊！我端著滾燙油膩的餛飩湯立正站好不敢亂動，深恐又動輒得咎。坐在角落低頭吃食的父女也不敢抬頭，似乎未曾聽聞他們的客人正遭厲聲斥責。

我對北京的餛飩攤聞名久矣，略知其風格，皮薄，肉餡少，佐料多，如蔥花、芫荽、蝦皮、冬菜。那次卻不記得麵皮是否擀得厚薄恰當，不記得餡料的滋味，依稀彷彿豬肉裡摻了些碎荸薺。

高明的餛飩湯都用豬骨熬煮，須色清而味厚，花蓮「液香」和「戴記」扁食湯裡增添了自製油蔥酥，彰顯了臺灣味，這兩家扁食名店系出同源，創立者戴阿火年輕時跟一位福州鄰居習得，從此挑擔作生意。戴記是楊牧、夏盈盈伉儷領我初訪，液香則是陳黎帶路，兩家扁食經驗都有著詩性記憶。

花蓮扁食接近鯉城風格，丹婭敘述當地扁食擔：「挑子的一頭是正坐著爐火的高湯鍋，湯鍋套著的邊匾上，一一擺著各式各樣小甕小缽，裡頭自是新製好的各式調味料。挑子另一頭，一盆精肉、冬菇、蝦皮外加適量芝麻蔥葉混剁而成的餡，一盆上好白麵切而成的燈紙薄皮，一盆青花小碗，一盆青花小匙，一鍋燙碗水便變魔術似的全從那裡頭鼓搗出來弄齊整了。」當年戴阿火挑擔營生，大約就是這樣的情景。

扁食不扁，丹婭形容泉州的扁食「凝脂般挺肚張翼」，又像「半壁雪青的蚌殼托粒粉紅大珍珠在水中悠哉呢，尾翅卻如蟬翼般若有若無與湯化為一體。湯面照例有星星點點金黃燦綠的蔥油花，如睡蓮般令人賞心悅目。」這種浮在湯中帶餡的麵食小吃，其名稱連接著古人對神話混沌的想像，清．富察敦崇《燕京歲時記．冬至》：「夫餛飩之形有如雞卵，頗似天地渾沌之象，故於冬至日食之。」所謂「冬至餛飩夏至麵」乃自古沿襲的習俗，連接著祭祀。

包餛飩都用瘦肉，花蓮扁食用豬後腿肉製餡，結實鮮醇。明人高濂《遵生八箋》早有指示：「膘脂不可搭在精肉」；《水滸傳》第三回載，鄭屠道：「卻纔精的，怕府裡要裹餛飩，肥的臊子何用？」加了肥肉餡的餛飩容易裂口。

餛飩皮以薄為尚，我的工作室曾毗鄰「蘇杭點心」，其菜肉大餛飩皮甚厚，吃起來像水餃。臺北市西寧南路「溫州大餛飩之家」的餛飩皮就薄可透光，切小方片，抹上餡料，摺起如兜。它從前在中華商場時我就吃過。

中華商場拆除前是臺北最大的綜合商場，緊臨西門町，由八座三層樓連棟組成。一九四九年前後，大批軍民隨國民政府來臺，商場原址曾搭建臨時性竹造棚屋，安置新移民暫住，擺攤；之後越來越多人湧入，形成大規模的違章建築群，生活環境惡劣，乃改建成中華商場。商場盛極一時，承租戶的行業很多：電器，玉器，骨董，服飾，堪輿等等，和許多大陸各地的風味小吃，如「徐州啥鍋」、「點心世界」、「致美樓」、「老夏水餃」、「老陸餡餅」。如今溫州大餛飩之家已傳承三代，除了賣這種想像家園的大餛飩，也兼營肉臊飯和滷白菜、筍絲，彷彿溫州腔中帶著臺灣口音。

溫州大餛飩湯總是非常燙，表面雖已降溫，裡面猶滾燙得要命，不能用香港雲吞湯的標準來吃，否則易傷唇舌；通常是入嘴前先對它吹兩口氣，細語般，咬一小口，再吹兩口氣，咬一小口，如此這般輕咬對待。

我們可以想像跟隨國民政府來臺的族群中，有一位溫州人賣餛飩湯營生，立號溫州；又由於個頭碩大，就叫它大餛飩，以別於坊間習見的扁食。溫州大餛飩的個頭足足比扁食大兩倍有餘，形似雲朵，三四顆即足以籠罩整個海碗，保溫效果佳，也表現碩大飽滿的美學特質。這是一種燙嘴又燙心的點心，訴說滾燙的鄉愁。

溫州大餛飩之家
地址：臺北市西寧南路63-3號
電話：02-23822853
營業時間：10:00-21:00

液香扁食店
地址：花蓮市信義街42號
電話：03-8326761
營業時間：09:00-21:30（旺季賣完即休）
每月排休二天（不固定，請事先與店家確認）

戴記扁食
地址：花蓮市中華路120號
電話：03-8350667
營業時間：08:00-21:50
每月排休二天（週一或週四，不固定，請事先與店家確認）

生炒花枝

可能感冒了，上呼吸道發炎，高燒。女友陪我走出租賃於山腰的農舍，下階梯，過橋，上階梯，牽手走過夜晚的山徑，等公車下山。診所在文林路上，護士小姐命令我進注射室。「打屁股」，她拿著注射針筒向上推出部分藥液。

「可以打手臂嗎？」我捲起衣袖央求。

「屁股。」聲音冷冷的。

「手臂好嗎？」我覺得就這樣褪下褲子有點難為情。

「屁股。」護士意志堅定，簡短的回答比針頭更冷更尖銳。

針頭像刺穿隱私，難為情變成屈辱感。步出診所，像打開另一扇人生的門扉，士林夜市熱鬧滾滾的喧嘩掩蓋了尷尬。賣大餅包小餅、大腸包小腸、鹽酥雞、生炒羊肉、青蛙下蛋、蚵仔煎、生煎包，賣蛇肉，賣各式冰品飲料的，都吆喝著招徠著，各種氣味雜陳。我們很快找了攤位坐下來，點食生炒花枝。

那是我大學時代的老士林夜市，充滿了野性，攤販的吆喝，忽然轟起的火焰，生猛有力的鑊氣。店家鼓武火，高竄而衝動的火焰呈黃白色，光度明亮，奪人耳目。

生炒花枝熱情逼人。火辣辣的群眾意象，彷彿一些再難壓抑的反叛，赤裸而熱烈地吶喊。

吃食的空間卻很壓抑、沈悶，手腳難以伸展，端坐在狹仄的路邊攤，隨時提醒自己手肘千萬別碰到別人，也提防跑堂撞到我正舀起熱湯的手。花枝片切薄而大，鮮嫩中蘊藉著充分的咬勁，酸，甜，辣，稠，香，眾味紛陳。我自然知道，那裡面還添加了不少味精。一種小吃攤的集體矯飾。

士林夜市素來以生炒花枝聞名，如今已聚集了好幾攤生炒花枝，密度甚高，最具規模者為「忠誠號」，供應的食物不少：鼎邊趖、天婦羅、蚵仔煎、蝦仁蛋炒飯、炒米粉、滷肉飯、豬心湯、豬肝湯、臭豆腐……碗內同時有花枝和魷魚，好像同時吃到花枝羹和魷魚羹。板橋黃石市場「高」記「生炒魷魚」則專取魷魚，羹味和花枝羹一般。

生炒花枝其實就是花枝羹，花枝即墨魚。花枝去皮膜，劃花刀，切大塊，氽燙後入冰水。爆香蒜片、蔥段、洋蔥絲、辣椒，拌炒花枝；加米酒，續入筍片、黑木耳、胡蘿蔔片、小黃瓜片等翻炒；再注高湯、調味料煮開；最後淋上縴水，滴些許香油，撒一點芫荽和胡椒粉。調味料以醬油、鹽、糖、烏醋為主。湯頭以大骨、筍熬製。花枝氽燙後入冰水，以求其口感之爽脆。急火快炒，則求鮮度更佳；墨魚久煮會老化，見邊緣的花紋卷縮即可下調味料、勾薄縴。

這種羹湯普遍運用於臺菜中，與鱔魚意麵、五柳羹相似，皆以糖醋為基調。糖醋味是流行於臺灣的複合味，以鹽定味，醬油提鮮、增色，突出甜酸風味。至於小黃瓜、黑木耳、胡蘿蔔主要任務是配色，增添視覺效果。

我的生炒花枝初體驗，連接著診所打針，發高燒的身體，冷冰冰的話語和注射針；侷促的空間，火爆的氛圍，在在顯得怪誕。好像壓抑著什麼欲衝撞出來。

好像壓抑著什麼欲衝撞出來。美麗島大審開啟了我的大學生活，八〇年代大家都躁動不安，臺灣撞開了沈重的歷史門扉，如悶燒鍋中一記霹靂，從此風起雲湧，我們忽然撞開了集體發聲的年代。

窮人遠比富人容易感受幸福的滋味，窮學生的生炒花枝更熱情逼人，也帶著煽動性，連接了我的求學和愛情、婚姻經驗，我和女友常去逛夜市，啖小吃；婚後亦然。士林夜市小吃攤被集中規範到室內後，號稱觀光市場，仍擁擠著人潮，甚至更擠；然則品項卻趨於簡單，同質性愈高。連生炒花枝亦非舊時味，我已經很少去了。後來多次尋訪到媒體推薦的攤商，卻常吃到不新鮮的墨魚。

我大學畢業翌年，麥當勞進入臺灣。

忠誠號

地址：臺北市士林區基河路60號（士林夜市431-440號攤位）

電話：02-28823601

營業時間：14:00-02:00

高記生炒魷魚

地址：新北市板橋區宮口街28號（黃石市場）

電話：02-29603503

營業時間：10:00-19:00，週一店休

廖家華西街生炒花枝

地址：新北市板橋區成都街93號

電話：02-29580480

營業時間：11:30-23:30，隔週休週一

排骨湯

接到珊的電話，努力壓抑焦急的語氣：媽媽彎腰拿CD，聽到一聲好像骨頭斷裂聲，骨轉移的腰脊處劇痛，要你立刻回家帶她去和信醫院急診。在醫院作過各種檢驗，量血壓，測脈搏，照X光，醫師判斷應該沒事，骨頭結構看起來還完整，可以回家休息。一年來，我們對和信醫院很熟悉了，醫師、護士都親切細心；遺憾還是沒有差堪入口的食物。

已經中午了，中餐吃什麼呢？順路就去大稻埕吃路邊攤好不好？保安街四十九巷是美食巷，聚集了許多精采的小吃攤，豬腳湯，毛蟹，鹹粥，蚵仔煎，鼎邊趖，滷肉飯，排骨湯……我下課常駕車來這裡吃飯配高麗菜、福菜，和排骨湯，疲憊的心神忽然得到鼓舞，飽足。

慈聖宮，大家習慣喚媽祖宮，宮前即是四十九巷，美食高度密集的小巷，廟埕上，攤商各自擺了一排又一排的桌椅。其中兩攤在賣排骨湯，兩攤的食物種類、味道、價錢幾乎一模一樣；原來是親戚關係。他們都選用豬肋排煮湯，只加白蘿蔔煮，湯色清澈甘醇，肋排肉剪成小塊，鮮腴，彈牙，軟嫩度掌控得極其準確，蘸辣椒醬油吃，一口一塊。

她說好吃，好吃。要餵飽長期化療的老婆並不容易，感謝排骨湯。天氣越來越冷。

我們坐在廟前廣場吃中餐，廟埕左右有巨大榕樹，陽光從葉隙灑下，光與影投射在旁邊古老的紅磚屋，投射在家人的臉上，投射在廟埕上，許多麻雀跳來跳去啄食。

我們一邊吃飯，喝排骨湯，感恩地，一邊覺得有媽祖在保庇。

臺灣冬天盛產白蘿蔔，用來煮排骨湯真高尚。白蘿蔔的別名有十幾種，如「菜頭」、「萊菔」，我最喜歡的是「心裡美」。我覺得白蘿蔔真美，一直鼓勵她多吃，特別是生食。為柔和它強烈的生嗆味，我通常拌以大蒜、辣椒和醬油。白蘿蔔帶著祝福的任務，向來有「土人參」、「十月蘿蔔小人參」之稱，它含有芥子油及助消化作用的澱粉酶、木質素，其中木質素被胃腸道吸收後還可激發巨噬細胞的活力，提高機體的免疫功能；所含的多種酶，又能消除致癌物質，抑制腫瘤細胞增生，有抗癌的作用。

蘿蔔排骨湯似乎很普通，湯色不厚不重，俗諺「蘿蔔上市、醫生沒事」、「蘿蔔青菜保平安」，多麼希望我身邊的人都能安康欣喜。

客家人尤愛白蘿蔔，酬神宴客時有「四炆四炒」八道經典菜色，其中「排骨炆菜頭」即是排骨熬煮出骨髓風味，再加入白蘿蔔塊一起炆，蘿蔔吸飽肉汁，甘腴的排骨湯又透露清芳。

萬華祖師廟旁「原汁排骨大王」強調用高山品種白蘿蔔，鮮甜，綿密；此店和梧州街排骨湯，都選用大塊排骨長時間熬煮，湯色較沈，湯味濃郁，筷子輕觸即骨肉分離。

有人為求煮得快速，白蘿蔔切片，先以冷凍法凍軟再煮。然則凡事都要那麼快速嗎？和排骨一起緩慢共浴的白蘿蔔，滋味豈是凍軟凍爛者可比？我切蘿蔔不喜片狀，例以刀後端輕斫，順勢向旁邊推開，成不規則塊狀，先焯去生嗆味，再入鍋熬煮。排骨亦須先汆燙掉血腥才入鍋。要之，水須一次加足，不可中途添水。此外，跟大部分湯品一樣，起鍋前才放鹽。

有人自作聰明，白蘿蔔之外添加胡蘿蔔，以為紅白相襯較美麗。殊不知兩種蘿蔔像怨偶，不宜一起燉煮，否則會減損營養價值。因為胡蘿蔔含有一種分解酶，會破壞白蘿蔔高質量的維生素C。

白蘿蔔排骨湯的性格相當純樸，簡單，缺乏自信的廚師掌勺總唯恐材料、調料不夠多，矯揉造作地在蘿蔔排骨湯中添加多種配料如香菜、玉米、山藥、冬菜，像一首意象亂竄的詩，看起來華麗炫爛，卻沒頭沒腦，未能顯現一個總體效果。尤有甚者，獃廚煮排骨湯竟胡亂摻入八角、紅棗、枸杞、香菇。

像文學創作，平庸者出手常意多亂文。李漁「立主腦」之說很能幫助我們理解白蘿蔔排骨湯的美學特徵：「古人作文一篇，定有一篇之主腦；主腦非他，即作者立言之本意也。傳奇亦然，一本戲中，有無數人名，究竟俱屬陪賓；原其初心，止為一人而設。即此一人之身，自始至終，離合悲歡，中具無限情由，無窮關目，究竟俱屬衍文；原其初心，又止為一事而設。此一人一事，即作傳奇之主腦也」。年輕的文學選手若不識割捨，剪裁，徒令枝葉蕪蔓。

一碗白蘿蔔排骨湯，主腦是排骨；而排骨欲成就好湯，止為白蘿蔔而獻身，其餘都是枝節，都是為了這一碗湯的清芬而衍生。青蔥之鮮甜，老薑之緩解生辛，芹菜之提味，在在為了排骨和白蘿蔔的結合而努力，為他們能共築溫暖人心的好湯而鋪陳。待排骨湯完成，薑、蔥之屬皆可盡棄，只有白蘿蔔孤星伴月般，清清白白呈現。

原汁排骨湯
地址：臺北市保安街49巷17號前，32號前
（慈聖宮口）
電話：0928-880015
營業時間：10:00-17:00

原汁排骨大王
地址：臺北市貴陽街2段115-17號
（近祖師廟）
電話：02-23311790
營業時間：09:00-20:00

梧州街排骨湯
地址：臺北市梧州街46巷之4路口
營業時間：11:30-20:30

魚丸湯

章景明教授退休後允諾回校兼課，一天中午相遇，他說走，去大稻埕吃魚丸。「佳興魚丸店」巷子口矗立的「第一大樓」，乃日據時代「第一劇場」原址，係稻江茶葉大亨陳天來、莊輝玉等人籌建，裡面有一六三二個座位，內附設咖啡廳、舞廳、撞球間，是當時臺北最豪華的戲院之一。

佳興的主力商品是福州魚丸。福州魚丸多膨鬆而包有肉餡，口感軟綿細緻有彈性。美味關鍵在於肉餡：用豬前腿肉，拌油蔥、醬油，味道調得很香，咬一口，肉汁和油流淌出來。魚丸的外皮用鯊魚肉打成魚漿，現場製作，現包現賣；湯味濃郁，湯頭顯然是熬煮大骨而成。可惜別的東西很一般，像我吃的一碗乾麵，麵條用的是油麵，端上來時，碗沿有一匙因撒太快而未拌入麵裡的味精，閃著潔白晶亮的恐怖感。

福州魚丸主要特色是包著肉餡，咬開來，極易被裡面又油又香的肉汁燙傷舌頭。魚漿表皮雖然已冷卻，內餡仍滾燙著。這種性格很悶，明明還熱情如火，偏偏要武裝自己，一付不在乎的表情。

魚丸的材料各地不同，如澎湖多狗母魚，臺南用虱目魚，高雄選旗魚，花東常見鬼頭刀魚。要之，須用活魚製作，選肉厚而刺少者，梁實秋追憶他母親做魚丸：「剖魚為兩片，先取一片釘其頭部於木墩之上，用刀徐徐斜著刃刮其肉，肉乃成泥狀，不時的從刀刃上抹下來置碗中。兩片都刮完，差不多有一碗魚肉泥。加少許鹽，少許水，擠薑汁於其中，用幾根竹筷打，打得越久越好，打成糊狀。不需要加蛋白，魚不活才加蛋白。下一步驟是煮一鍋開水，移鍋止沸，急速用羹匙舀魚泥，用手一抹，入水成丸，丸不會成圓球形，因為無法搓得圓。連成數丸，移鍋使沸，俟魚丸變色即是八九分熟，撈出置碗內。再繼續製作。手法要快，沸水要控制得宜，否則魚泥入水渙散不可收拾之虞」。這大抵是長久以來製魚丸之法，然則今人多用剁法處理魚肉，鮮見梁母的刮法。

臺灣人製魚丸習慣加地瓜粉，求其口感結實，製作方式像福建的深滬魚丸。不過深滬魚丸除了圓形，另有條有片有塊，常用芹菜青蒜炒作；臺灣魚丸則呈球形，多用來煮湯。冬日我煮酸白菜火鍋，例向南機場社區邱氏夫妻的虱目魚攤訂購魚丸，他們用新鮮虱目魚製作的魚丸嫩如豆腐，只能暫時冷藏，不能冷凍；一經冷凍，口感差矣，因此必須當天吃完。

虱目魚丸以學甲聞名，專門供應魚丸給餐館、小吃店的「廣益虱目魚丸」，店東每天凌晨三點半即起，取出冷凍庫的新鮮虱目魚肉，用削魚機削成薄片，再經魚絞機製成魚劑，添加鹽、糖、地瓜粉、蒜頭、味素、白肉角，在石臼內攪拌均勻，最後倒入成丸機製成魚丸。

臺南堪稱朝食天堂，最適合我這種早睡早起的老頭居住。好丸多集中在臺南，諸如「天從伯魚丸湯」、「永記虱目魚丸」、「阿川虱目魚丸」、「古早味魚丸湯」、「天公廟魚丸湯」。清晨即起，趿著拖鞋到鄰近的小吃攤。老闆，給我一碗肉臊飯加滷蛋，一碗綜合魚丸湯，再切一盤熟肉，一盤油豆腐和燙青菜。天公廟邊那家小店，沒有招牌，只賣魚丸湯，別無其它主食或小菜，其「綜合魚丸湯」含各式魚丸，另加虱目魚皮、魚肚、冬粉、豬肚，湯頭用大骨、魚肉煉製，所有丸子都是店家手工自製，機器難臻此味。臺南幾家出名的虱目魚丸湯系出同源，加上幾十年來互相影響，激盪出豐美的綜合魚丸湯，這是臺南人的尋常早餐，有時習慣在湯內加油條。

有美好的虱目魚丸，才有美好的早晨。我忙得無暇出門吃飯時往往煮一包泡麵，加幾粒虱目魚丸和一顆雞蛋，時蔬；魚丸予泡麵一種豐富感，飽足感。

魚丸表現魚肉所無的彈性，爽口，兼具魚的鮮美，和肉的醇厚，既脆且軟。

高雄代天宮前的「哈瑪星黑旗魚丸大王」亦我所愛，其綜合丸內包含清丸、蝦丸和肉丸，吃罷魚丸湯，不妨順便嚐對面的「哈瑪星汕頭麵」，再閒逛附近的武德殿、英國領事館、打狗鐵道故事館，街上猶有一些老洋樓，訴說著故事。

這一帶是我出生的地方，磁場般，路過時總是吸引我駐足。哈瑪星原本是海域，一九〇八年，日本殖民政府用疏濬高雄港航道的淤泥，填築岸邊碼頭與新市街，並興建了濱線（はません）鐵路，當地居民喚 Ha-ma-seng，「哈瑪星」新生地。

我曾經帶家人吃魚丸湯，到渡船頭全家人共享一碗「海之冰」，再搭渡輪到旗津，那是么女雙雙生平第一次搭船，漁船，郵輪，軍艦，貨輪，海風陣陣吹著她綻放的笑顏。女兒生活中露出的笑顏有一種力量，總能柔化我僵硬的心神。

哈瑪星黑旗魚丸大王
地址：高雄市鼓山區鼓波街27-7號
電話：07-5210948, 0922-858384
營業時間：10:30-20:00

天公廟魚丸湯
地址：臺南市中西區忠義路二段84巷1號
電話：06-2206711
營業時間：06:30-13:00，賣完為止

古早味魚丸湯
地址：臺南市北區忠義路三段27號
電話：06-2268822
營業時間：06:30-15:30

永記虱目魚丸
地址：臺南市開山路82之1號
電話：06-2223325
營業時間：06:30-13:00

阿川虱目魚丸
地址：臺南市中西區中山路8巷3之1號
電話：06-2270807
營業時間：06:00-13:30

天從伯魚丸湯
地址：臺南市安平區效忠街45號
電話：06-2223325
營業時間：07:00-18:00

廣益虱目魚丸
地址：臺南市學甲區中正路207號
電話：06-7833241
營業時間：05:00-18:00

佳興魚丸店
地址：臺北市延平北路2段210巷21號
電話：02-25536470
營業時間：09:00-19:00

貢丸

驅車上高速公路，直接就來到新竹城隍廟，理所當然地點食炒米粉、貢丸湯。我無法常來，路途實在有點遠，來回近二百公里。貢丸是新竹特產，尤其城隍廟周遭，可謂臺灣的貢丸地帶，到處是貢丸攤，都標榜以精肉製作，爭誇自己才是真正的老牌貢丸。他們競爭激烈，製作都不敢馬虎，年深日久，互相影響，覺得口味多不錯，吃不出什麼差別。

傳統製法取溫體豬後腿肉，先去除結締組織與筋膜，加鹽捶打搗碎成泥，再加胡椒粉、味精等調味料調勻；將肉泥擠成球形，用湯匙挖起，在熱水中燙煮而成。選用當天宰殺的溫體豬肉，是取其新鮮纖維具彈性；搥打豬肉成漿至黏稠，乃希望成品具飽實感和脆度。

它是搥打出來的口感，帶著手心的溫度，原來叫「肉丸」，之所以易名為貢丸，傳說紛紜，主要有兩說：一說附會嘉慶皇帝遊臺灣時，在新竹嘗到此味，頗為稱讚，後來遂成為臺灣的貢品。另一說是發音使然，蓋貢丸之製作，先有捶打精肉的工序，閩南話捶打音「貢」，貢丸意謂打出來的丸子。後一說較可信。

貢丸以新竹聞名，新竹店家多稱「摃」丸，如海瑞、進益、榮記、福記、福氣、利鑫等等。有人說這個字意指搥打，符合貢丸製作之本意，這是誤會。《徐霞客遊記．滇游日記四》載：「城中被難者，有一鹽官，損二十餘，俱遭漂沒」，損，音、義同「扛」，並無搥打之意。

「海瑞」乃黃海瑞先生創於一九四八年，起初是賣貢丸、麵的小攤，現在已成為新竹第一品牌，企圖心及行銷能力均強。另一家老招牌「進益」源自一九三八年葉榮波先生在城隍廟旁設攤，二〇〇二年在北門大街成立「進益損丸文化會館」。產品多元化是新竹貢丸的共同趨勢，除了原味，另發展出香菇、福菜、枸杞當歸、墨魚、紅麴、芹菜、荸薺、草莓……多種口味。

不唯新竹，貢丸已風行全臺各地，「白金山」將貢丸賣出一種時尚感，各種貢丸繽紛的顏色乍看還以為是馬卡龍（Macarons）。楊中化離開電視新聞主播崗位後，創立「主播貢丸」，個頭比一般貢丸大許多，聲稱全臺唯一以檜木桶打漿，得自城隍廟老師傅王梧清嫡傳，我看他以手反覆揉豬肉泥，用拇指和食指擠出大圓球，一顆顆大貢丸落進熱水中成型。

貢丸最常用來煮湯，水煮開了，丟幾粒進去，再加上芹菜末即成，簡單方便。滷製也行，亦是不錯的火鍋料。一碗麵中若加進貢丸，立即提升了那碗麵的身份和地位。

好貢丸咬下去，會多汁到爆漿。其基本條件是豬肉新鮮，取鮮肉的纖維尚活絡，搗碎之後，彈性、凝固性都佳；以臺灣黑毛豬的後腿肉製作，特具彈性。此外，豬肉的蛋白質本就比魚肉結實，製作成丸也自然較結實，不必添加澱粉、魚漿，僅以純肉製作。為防止肉質老化，製程最好能控制溫度在 15℃以下。

我曾經看過一部很無厘頭的港片，主角為了表現製成的瀨尿蝦丸彈牙，竟拿來當乒乓球打。為增加脆感，市售貢丸多添加磷酸鹽，實在蛇足。貢丸是一種搥打出來的美味，認真搥打，令析出類似乳化劑的鹽溶性蛋白質，乳化原料中的脂肪和水分，形成安定乳濁狀態，完全不必塑化劑、粘著劑等添加物。

有些不肖商人甚至用病死豬肉，摻入大量甘味劑，和硼砂、防腐劑、漂白劑等化學藥劑。我清晨去學校，常在環西路攤車吃肉臊飯、貢丸湯，有時吃到貢丸帶著腥臊味，明亮的早晨忽然就陰霾罩頂。

曾經在木柵市場見一貢丸攤，強調使用的豬肉由臺畜公司提供的上等腿肉，絕無化學添加物，為取信於人，現製現賣，老闆給自製的貢丸取名「古早丸」，意謂忠於古早味，誠實、認真製作。此丸口味鮮美，可惜市場生意欠佳，久已不見古早丸的旗幡。

古早丸後來在興德傳統市場重現江湖，我買了三斤準備回家煮湯。手機鈴響，是《中國時報》老闆余紀忠先生打來的，責備我當天刊登的頭條很壞，他平常威權的聲音在嘈雜的傳統市場，竟顯得疲弱模糊。那篇「很壞的文章」是蘇副總編輯寫的；我無言以對，只好唯唯認錯。可能是我已經打算離開報社，不想再辯解；可能是早覺得升遷無望，余先生的譴責並未令我難過忐忑，心裡只想著貢丸的滋味。

臺灣報業的黃金時代，報社磁場般吸納了許多才華洋溢的青年；聰明人聚在一起，總是做一些不聰明的事。報社聘了太多人，有些人獲重用，更多人沒有。在中國時報十四年半，經常很不快樂，也極少看見快樂的人，生活中充滿疑惑。山不轉路轉，路不轉人轉；發覺自己完全不適合當人家的伙計，決意離去。那是買了一大包古早丸的上午，我壓抑已久的抱負轉化為冒險的心力。

走出傳統市場雨棚下的陰影，忽然失去了庇蔭，直接曝曬在近午的太陽下，強光幾乎令神志的眼睛閉起來，這時候車聲聽起來甚至是激越悠揚的。

貢丸是一種捶煉美學，舂搗至糜爛而用另一種樣貌重現，它以充滿彈性的性格提醒我，像飽嘗生命淬煉後的一種能量，壓抑之後的奮起。

古早丸
訂購電話：02-2732-3758, 0921-882084

自然豬貢丸
地址：嘉義縣朴子市中興路135號
訂購電話：05-3790108, 3790358

海瑞摃丸
地址：新竹市西門街98號
電話：03-5261115
營業時間：11:00-21:30

進益摃丸
地址：新竹市北門街31號
電話：03-5251952, 5515837
營業時間：08:00-22:00，週一店休

白金山
地址：臺北市松山區松山路294號
電話：02-27695121
營業時間：09:00-18:00

主播貢丸
地址：新北市汐止區大同路二段481號
電話：02-86481668, 86691999

鳳梨苦瓜雞

大一那年僥倖獲得時報文學獎，那筆飛來的橫財相當於我三點三個月的生活費。所有朋友忽然都出現了，我們每天到紗帽山的土雞城吃飯痛飲；好像《安東尼與克莉奧佩特拉》第二幕的臺詞：「我們白天睡得天昏地暗，夜晚喝得天旋地轉。」（We did sleep day out of countenance, and made the night light with drinking.）不到一個月我發現，那筆獎金已用罄。

之後三年我幾乎天天在山腰間行走，踏在鋪滿小徑的落葉上，呼吸山嵐霧氣，和濃厚的硫磺味。阮囊羞澀，自然沒有能力再享受鳳梨苦瓜雞、痛飲啤酒了，我獨居山谷讀書，偶爾買一瓶便宜的紅露酒喝。

可能是多風多雨，陽明山火山群顯得非常清潔，風雨散去時，這些峰巒就透露一種靈氣，心事似乎被滌洗乾淨，或被洗得清楚，山嵐從溪底溫柔升起，白雲流連在山頭或山腰間徘徊不去。

從中國文化大學觀看紗帽山是最佳角度，我常常坐在教室裡望著嵐霧和滿山的杜鵑發呆。紗帽山又叫屁股山，圓錐狀山巒，山頂兩端性感隆起，中間凹陷，像古代的烏紗帽，也像圓圓胖胖的屁股。校園中抬頭便能望見紗帽山，它總在雲霧縹緲間，彷彿白雲擦屁股。

陽明山火山群溫泉種類多，包括白磺泉、青磺泉、鐵泉、冷泉；餐廳亦相當密集，形成獨特的飲食風景線，如紗帽山一帶的土雞城，大抵每一家都供應有鳳梨苦瓜雞，我大學畢業後仍偶爾帶家人和朋友上山，最常去湖底路的溫泉餐廳如「櫻花」、「六窟」，和行義路「椰林」、「櫻崗」、「天祥」，回味溫泉記憶。

鳳梨苦瓜雞的豆醬鳳梨用青果醃製：以粗鹽、麴豆、糖、甘草、米酒醃製。美味藏在細節中，麴豆須先用米酒或鹽水清洗過，以免發霉。麴豆品質直接影響漬鳳梨成敗，用劣質漬鳳梨和苦瓜同煮，宛如缺乏愛情的婚姻，充滿怨懟之氣。

此乃臺灣土雞城的標準湯品，漬鳳梨、苦瓜燉煮汆燙洗淨的雞肉，苦瓜久經漬鳳梨湯溫存，苦味輕淡，取而代之的是甘味，並釋放自身的蔬鮮。苦中帶甘，甘中藏酸，酸中蘊果鮮，又有蔭醬的陳香；若再加上丁香魚乾入鍋同煮，形同山珍邀請海味，苦酸甜鹹諸味交響，最像人生的滋味。

就像卓別林的喜劇藝術，觀眾看電影總是從頭笑到尾，歡笑過後，又難掩淡淡的憂傷。我愛吃鳳梨，煮這湯習慣漬鳳梨、鮮鳳梨並用，有效豐富層次感。這湯品最適宜和老朋友共享，裡面有一種溫潤，諸味平衡。

苦瓜宜用白玉苦瓜，取其苦味較淡。竹北「老范」的鳳梨苦瓜雞使用山苦瓜，山苦瓜的苦味較明顯，相對需用較多漬鳳梨來修飾。漬鳳梨和苦瓜互相發明，缺一不可。龍泉街「龍涎居」的鳳梨苦瓜雞不見鳳梨，只有苦瓜陪伴雞肉片，那湯像單親家庭，有一種悽苦落寞之味。可惜了，它離我書房最近。

關廟盛產鳳梨，因而衍生了相關菜餚，附近風景名勝的土雞城不乏美味的鳳梨苦瓜雞，最出名的是「阿輝土雞城」，經營者黃欽輝兄弟熬煮豬大骨作為湯底，加入文蛤、苦瓜、調味料，和自製的蔭醬鳳梨煮土雞肉，上桌以小火續煮，邊吃邊煮。我初入伍服兵役時在附近，新生訓練那三個月完全不知鳳梨味，如今回想，難怪當兵時會產生一種英雄末路的蒼涼感。

花蓮也盛產鳳梨，瑞穗鄉「富興客棧」就以鳳梨作主題菜餚，客棧在花東公路，一邊是巍峨拔高的中央山脈，一邊是忽然展開的太平洋，在風景壯闊中吃鳳梨苦瓜雞，宜有親愛的人相伴。

鳳梨苦瓜雞總是越煮越有味，此湯品可當火鍋享用，架在爐上邊吃邊煮，大家圍爐，吃飯飲酒喝湯，很快就讓所有人暖洋洋。尤其冬日裡吃，跟老酒、老朋友一樣動人。人生往往比苦瓜更苦，更苦，有時靠一罈窖藏老酒來矯正苦味，和親人、老朋友相聚亦能化解苦楚，再艱困的環境也要珍惜共飲同食的機會。

二十年前曾邀請柯靈夫婦、汪曾祺、劉心武、李銳來臺訪問，有一天就帶他們上山泡溫泉，喝茶，吃鳳梨苦瓜雞。山路上散發著硫磺味，和草木氣息，鳥鳴蟲叫得很放肆，我和劉心武、李銳在溫泉池中坦誠相見，溫泉汩汩，面對好山好水，我們都沈默了，有一種震耳欲聾的寂靜。

那些雲霧山嵐和硫磺氣味，那鍋熱騰騰的鳳梨苦瓜雞湯，能重振精神，撫慰心靈，像山林的呼喚。

阿輝土雞城

地址：臺南市關廟區北花里牛稠埔81之1號
電話：06-5959922, 5962008-9
營業時間：11:00-02:00

黑公雞風味餐廳

地址：彰化縣花壇鄉岩竹村聽竹街50號
電話：04-7882882, 7882168
營業時間：11:00-21:00

六窟溫泉餐廳

地址：臺北市北投區湖底路81號
電話：02-28611728
營業時間：11:00-23:00

富興客棧

地址：花蓮縣瑞穗鄉富興村7鄰50-1號
電話：03-8811732, 0926-652873
營業時間：10:30-20:00

豬舌冬粉

流行於臺灣的冬粉湯南北有別，高雄多豬舌冬粉，臺北則幾乎全是豬腸冬粉。無論豬舌或豬腸冬粉，少不了嫩薑絲，基本配料總是冬菜、蒜酥、芹菜末。尤其冬菜，這種半乾態非發酵性醃菜，令濃郁的高湯透露出清新美。起鍋時滴一點米酒，撒一點胡椒粉提味。

臺北的豬腸冬粉使用豬小腸，豬小腸的苦味不易去除，口感不佳；尤有甚者，很多賣豬腸冬粉的攤商懶得清理乾淨，又捨不得多煮一下，令豬腸嚼起來宛如苦澀的橡皮筋。我較常吃的「及品豬腸冬粉」和「林家豬腸冬粉」的小腸清理得乾淨，又煮得夠嫩，可見店家的用心。

然則我猶原偏愛高雄口味。豬舌無骨、無筋膜、無韌帶，亦無纖維感，柔軟富彈性，嚼感甚佳，風味在冬粉湯中最迷人。有些賣豬腸冬粉的商家亦兼賣肝連、豬心、豬肝，卻鮮見豬舌；即使肝連煮冬粉，口感亦遠勝於小腸，實在不知道臺北人賣冬粉湯奈何未見賢思齊？

豬一生不曾刷牙，務必刮淨舌苔才能安心享用。煮豬舌之前先清洗，用刀鋒刮淨表面，剪除舌下腺體及喉根，經滾水汆燙後，撕去舌上外膜。湯底用豬大骨和內臟加蔥、薑熬煮。

冬粉和魚翅，本身並無滋味，完全依賴高湯助陣，先天是寄生本質，例如螃蟹粉絲煲即須蟹黃、蟹膏、蟹肉附麗。優質的冬粉湯皆是冬粉吸飽了高湯，又維持彈勁，入嘴時猶能感受它輕度的抵拒感。

高雄市嫩江街、近九如路口騎樓下有一攤豬舌冬粉，湯色清淡，湯味濃郁，清晨走出我家巷口就吃得到，它元氣了我青少年時期的早晨。

高雄到處有美味的豬舌冬粉，「阿進切仔麵」始創於一九五四年，店家自製的油蔥酥甚美，除了豬舌冬粉和各種白灼豬肉、內臟，亦有海產，其肉羹米粉、肉臊飯也相當出名。阿進鄰近我的出生地，現在三阿姨家還住在那附近，我們曾在店裡大啖豬舌冬粉、小卷、肉羹，忽忽兩年，三姨丈已往生。

鹽埕埔臨近高雄港，開埠早，聚集了許多傳統小吃，也曾是高雄最繁華的商業地帶；大勇路上「大新百貨公司」曾是全臺最大的百貨公司，擁有全臺首部電扶梯，和首座頂樓兒童樂園，是南臺灣的重要旅遊景點。國中時每次去鹽埕埔訪好友楊克興，不免要吃上一碗阿進的冬粉湯。如今老楊失聯已逾二十餘年。

離阿進不遠，七賢三路「冬粉王」一九七〇年開始營業，原本在大勇路；現已頗具規模，店內堪稱寬敞，座位多，食物種類亦不少，除豬舌冬粉，另可搭配豬肉、豬心、腰子、豬肝、豬肚、骨仔肉、鴨肉等等。冬粉王的湯色較濃，湯面上可見煮豬肝的浮沫。我習慣吃一碗豬舌冬粉，外加一份綜合切盤，蘸店家自製的豆瓣醬，甚有滋味。店家體恤老人，店內常年張貼著布告：「凡年滿八十歲以上長者蒞臨本店享有免費招待」，令人感念。

啊，七賢三路，我少年時代流連的所在；附近曾有一家「海灣飯店」，醒目的階梯外型，越戰期間是美軍渡假住宿的旅館。越戰時期，七賢三路是美國士兵來嫖妓的酒吧街，我看見街上扶醉的美國兵左擁右抱，總是覺得她們是我親愛的姊妹；有時，士兵們還會從海灣飯店房間擲出酒瓶，路上行人紛紛躲進騎樓下，彷彿是花露水和威士忌布景的野戰場；我有時恍然覺得自己誤入了好萊塢電影《蘇絲黃的世界》（The World of Suzie Wong）裡的場景。

和豬舌冬粉同步發展的是臺灣棒球、金光布袋戲。自金龍少棒隊奪得世界少棒冠軍之後，臺灣的球棒越來越硬，有一度世界冠軍如探囊取物。我至今崇拜金龍少棒人稱

「魔手」的王牌投手陳智源。一九七〇年，布袋戲《雲州大儒俠》在電視上播出，風靡全臺，造成「兒童逃學，農人廢耕」。

一碗豬舌冬粉湯對我開啟了某些細微的聲息，悄然展示我的成長經驗，苦悶不安的童年，憂鬱叛逆的青少年，那些只有我知道而深藏的故事；還有失散的好友，疼惜我的阿姨，展示一種鄉土的的親切感，情感世界的鄉愁。

冬粉王

地址：高雄市鹽埕區七賢三路166號（近大公路）

電話：07-5514349

營業時間：08:00-20:00

阿進切仔麵

地址：高雄市鹽埕區瀨南街148號

電話：07-5211028

營業時間：09:00-20:00

及品豬腸冬粉

地址：臺北市興隆路四段50-2號

電話：02-2936-8850

營業時間：11:30-21:30

林家豬腸冬粉

地址：臺北市三元街52號

電話：02-2337-7330

營業時間：07:00-24:00

西滷肉

雙雙站在穿衣鏡前比來比去，調整各種姿勢和角度，見我望著她，解釋說：「這叫做混搭。」我驚訝她不到十歲已這麼講究穿著，身上的衣服有好幾個層次，猜想是這個意思，也許是姊姊前不久才教她的時尚觀念。

「爸爸，混搭是什麼？」小妞忽然又不明白她剛剛提到的流行用語。

「大概——大概像西滷肉吧。」

忽然很想吃西滷肉。走到工作室附近一家宜蘭餐館，加入排隊的人群。假日中午，整條永康街絡繹著覓食的遊客，大家併桌擠在一起用餐，鼎沸著人聲。西滷肉終於呈現在眼前，砂鍋下燃著酒精持續加熱，味道雖然不正宗，卻聊堪慰藉飢腸。坐在我旁邊的明顯是香港遊客，標準的廣東口音，低聲歡呼著期盼中的菜餚；另一桌是日本客，周遭還有北方口音，交雜著閩南語，大部分人都點食了西滷肉。

在眾聲喧嘩的食堂吃熱滾滾的羹湯，陸味海味互相闡揚，帶著隨意性，一種後現代性混搭。

臺灣小吃「白菜滷」形式和口感都接近西滷肉，雖然兩者皆以白菜為主角，配料也大抵相似，兩者的根本差異在於湯底：白菜滷以油爆扁魚熬湯底；西滷肉則用蝦米燉煮。此外，西滷肉遠比白菜滷華麗，湯水也較多。

西滷肉是宜蘭人逢年過節團圓桌上的傳統佳餚，裡面固有肉絲，卻非滷肉；「西滷」亦作「西魯」、「絲滷」，乃日語羹湯（スープ）的音譯，作法堪稱繁複：先略醃肉絲後再汆燙；鯊魚皮、胡蘿蔔絲、大白菜條、金針菇亦先汆燙；紅蔥頭爆香，炒蝦米、香菇絲，加入汆燙過諸料，用高湯煮滾，調味；加入蛋酥。蛋酥需用鴨蛋，打成蛋液，通過篩網漏入油鍋炸熟。

其湯可清，亦可稍微勾縴，淋些醋也不賴；要之，須認真熬製。坊間所售，多添加大量的味精或雞粉，不足為訓。「阿正廚坊」的西滷肉表現一種誠懇的味道，老老實實以樸素的態度熬製高湯，準確表達每一種食物的風味。

這種什錦雜菜羹，配料隨人增減，有人添加魚翅，有人加入干貝。大白菜缺貨時，店家輒用竹筍取代，如「吉祥客棧」改採脆筍墊底，除了常見的配料，另有鮮蚵；亦可客製化，添加魚翅、蟹腳肉等等。「四海居小吃部」所製加了海參；「一佳一活海鮮」老闆研發的作品以高湯為底，加入菇蕈、魚翅；有人加入髮菜，也時見豬皮、櫻花蝦參加。「茂園餐廳」的白菜滷規格接近西滷肉，配料相當豐富，只是蛋酥改成了炒蛋。蘭城晶英酒店「上將西魯肉」以挖空的上將梨作容器，邀梨香參加。

無論添加什麼，主角永遠是蛋酥，吸飽湯汁的蛋酥是一種擬肉絲，先民利用油炸蛋，令它產生肉感，代替不易取得的肉品。在經濟困頓的年代，貧窮的人家也可以吃得很豐盛，像西滷肉，追求多而繁複的美學手段，帶著些許炫耀的表情。

湯內的東西雖多，卻沒有繁文縟節，它們非正式地聚在一起，很隨和，有些看起來甚至顯得粗糙笨拙，又粗糙笨拙得相當實在。

是蛋酥和大白菜聯手營造了一個寬容的環境，一種任意、自由的氛圍；所有的材料分開來都有自己的主體性，結合則是完整的一體。它包容性廣大，新的配料添加進來，好像新移民，立刻變成新的本地人，融會，和諧。

那是臺灣母親的味道。我們仔細品嚐，通過大白菜的清甜，蛋酥的油香，蝦米的沈厚，領略其中蘊含的喜悅。在眾聲喧嘩的食堂，互相挨擠著，使用南腔北調和異邦語言，一起經驗西滷肉的雜燴美學。

渡小月
地址：宜蘭縣宜蘭市復興路三段58號
電話：03-9324414
營業時間：12:00-14:00, 17:00-21:00

四海居小吃部
地址：宜蘭縣宜蘭市康樂路137巷9號
電話：03-9368098
營業時間：06:00-16:00

差不多海鮮餐廳
地址：宜蘭縣羅東鎮復興路二段109號
電話：03-9552682
營業時間：11:00-14:00, 17:30-21:30

吉祥客棧
地址：宜蘭縣壯圍鄉吉祥村吉結路35號
電話：03-9383387, 9381644
營業時間：11:30-21:00

一佳一活海鮮
地址：宜蘭縣蘇澳鎮漁港路53號
電話：03-9952191
營業時間：10:00-22:00

阿正廚坊
地址：臺北市安和路二段20巷8號
預約電話：02-2702-5276, 2702-5277
營業時間： 11:30-16:30, 17:30-21:30

茂園
地址：臺北市長安東路二段185號
預約電話：02-27528587
營業時間： 11:00-14:00, 17:00-22:00

阿給

接到么女的電話，急忙收拾讀了一半的書，和剛展開的工作，趕回家。小妞小學六年級，很快就不再需要爸爸在旁邊了，得抓緊機會多陪陪她。牽著她的手，週日下午，春寒料峭的淡水老街上仍人潮絡繹，細雨紛紛中傘尖總是牴觸著傘尖，行人中似乎有一些熟悉的臉孔交錯過往。雨中行路，有一種寂寞又淒苦的表情。

復習功課般，父女倆邊走邊吃從前吃過的東西，魚酥，鐵蛋，蝦捲，冰淇淋，又在半坪屋買了糯米腸搭渡輪去八里，我彷彿要她牢記那些店家，我們一同走過的街道，一同嘗過的那些滋味。有幾次，全家人一起在河邊晚餐，歡喜聊天，看淡水河夜景。雨點不斷斜飛進渡輪裡，好冷，摟著她，望河海交界處迷茫得有點混亂，有一點未知的慌張。

「爸爸，我們回家了。」小妞惦記著功課還沒寫完，仰頭看見到處是阿給的店家招牌，覺得好奇：「爸爸，什麼是阿給？」你吃過呀，五年前我帶你在「文化阿給」吃過。五年前媽媽和我帶你來的，還有邱展賢叔叔、潘筱萍阿姨。那時候太太還健康，可以每天陪女兒。

阿給發跡於淡水，是日文「あげ」的音譯，即「油揚げ」（油炸豆腐皮）；作法是挖空油豆腐，填進略為炒過油蔥、肉臊的冬粉，再用混合了胡蘿蔔絲的魚漿封口，蒸熟，淋醬料食用。

這種油豆腐包冬粉源自淡水真理街那家「老牌阿給」，乃第一代店東楊鄭錦文女士在一九六五年發明；起初只是想儉省剩下的食材，竟變通出特殊的料理辦法。那是一個蛻變的年代，這一年，美援終止；WHO宣告臺灣為全球第一個瘧疾根除地區；這一年臺北故宮博物院開幕，形成傳奇般的道統象徵，鄉愁式的符碼；這一年，瓊瑤小說改編成電影，開啟了臺灣「三廳式電影」時代。

那是一個蛻變的年代。阿給出現的翌年，中國大陸爆發文革，驚天動地將傳統文化摧毀殆盡。同時，臺灣戮力推行「中華文化復興運動」，中華飲食文明在這裡集合，正好遇到「經濟起飛」、「自力成長」，中小企業主將臺灣人的客廳當工場，創造出第一波經濟奇蹟；全球第一個加工出口區在高雄成立；楊麗花歌仔戲通過電視，從此轟動江湖。

阿給的材料都很廉價，作法卻費時費工；豆皮講究鮮嫩，魚漿須真材實料，冬粉之炒、浸要到位，醬料的調味得準確。醬料形同阿給之靈魂，有自信的店家都獨門特調；有的甚至發展出阿給醬，獨立販售，用以蘸各種食物。文化阿給的醬料加了沙茶，聽說流行歌手周杰倫讀淡江中學時常來吃。

老牌阿給清晨五點多開賣，真羨慕淡水人，每天有這種早餐。阿給雖是日語發音轉化而來，卻無日本料理的影子。本質是一種豆包；形式較接近釀豆腐，又不太像，蓋釀豆腐仍是豆腐，所夾的餡為肉末；而阿給僅留存油豆腐皮，內餡為冬粉。老牌阿給的豆腐皮比較厚，接近油豆腐。要之，無論油豆腐皮、冬粉都顯平淡，需要醬料提味、入味，最後淋上的醬料益顯重要。那淋醬料同時包含了甜、辣、鮮、鹹之味，冬粉經此一淋，豐富了味道，也更加嫩滑可口。內行的吃法還冬夏有別：冬天吃阿給配魚丸湯，夏天則配冰豆漿。

全臺灣的阿給多集中在淡水，最好吃的淡水阿給集中在真理街，從捷運站步行到真理街短短距離，會經過許多古蹟：偕醫館、小白宮（清代淡水關務司官邸）、牛津學堂、淡江中學、姑娘樓、馬偕故居、滬尾砲臺，和荷蘭人在一六四四年建立的紅毛城。如此這般，阿給連接著深刻的人文掌故美。

阿給帶著海口人的生活滋味。如果是黃昏來吃阿給，不妨順便在失戀橋看夕陽。淡水在清末仍為國際大港，是日落的方向。啊，記憶沈落的方向。往事總以日落的速度消逝。在少年時代，曾專程到沙崙海水浴場弄潮，如今這海水浴場已關閉多年，我也全然遺忘同遊的友人。

我的阿給經驗都連接了家庭生活。二〇一二年四月，太太還在廣州住院治療，小妞已經一個多月不見媽媽了，她不曾離開媽媽這麼久。憂慮么女太壓抑自己的害怕，努力想方設法要陪伴她，我試著談媽媽的病，她似乎不願多談，很快轉移話題。她已經快到了青春期，蠢動著叛逆情緒在欲爆未爆間。

我和我的小女兒跟阿給有一個約會。太太下次若再去住院，我決定較周詳地規畫，早晨就帶她出發到淡水，先到真理街吃阿給；然後暢遊真理大學、紅毛城、馬偕故居、漁人碼頭、沙崙海水浴場……

老牌阿給
地址：新北市淡水區真理街6-1號
電話：02-26211785
營業時間：05:00-約15:00（賣完為止），週一店休

文化阿給
地址：新北市淡水區真理街6-4號（文化國小旁）
電話：02-26213004
營業時間：06:30-18:00（平日），假日視人潮延長至20:00左右。每月一天公休日，不確定，先電話確認

刈包

珊珊上大學時全家搬到學校附近，近公館商圈，我們常在附近覓食。「藍家」的刈包鹹甜融合得宜，雖然那瘦肉不免柴了些；店門口擺著攤車兼料理檯，總是排隊的人潮，分外帶、內用兩種隊伍。刈包宜趁熱吃，我們例不外帶，面對脂香騰熱的焢肉，毫不猶豫地大口嚼食。

刈包要用閩南語發音：kuah-pau，又名「割包」，意謂割開饅頭，包裹焢肉、炒酸菜、花生粉、香菜；因形狀似虎口咬住了豬肉，故又名「虎咬豬」。由於外觀又似錢包，有些企業主在尾牙請吃刈包，除了犒賞員工辛勞，也有祈求財富的喻意。

此物演變成尾牙常見的小吃應是晚近之事。臺灣民俗每月初二、十六日「做牙」，二月二日做「頭牙」，臘月十六日稱「尾牙」。尾牙這天，各戶備牲醴，祭土地公；當夜，雇主大宴員工，以犒一年來辛勞。

這是祭拜土地公的「牙祭」，臺灣俗諺：「頭牙無拜衰一冬，尾牙無拜衰一世人」。尾牙的應景食物原是潤餅，吳瀛濤《臺灣民俗》載尾牙吃潤餅，未提刈包。刈包外皮講究蓬鬆有彈性，無論白饅頭或全麥饅頭，必須掌握熱度，剛出蒸籠的才美，熱騰騰才會香噴噴。「春蘭割包」外皮鬆軟不黏牙，除了傳統口味，另供應素食包；其刈包相對碩大，酸菜偏甜，裡面還抹了甜辣醬。

刈包最常出現於夜市，如臺中東海夜市「刈包大王」；臺北公館夜市「藍家」，通化、寧夏夜市「石家」，華西街夜市「刈包吉」等等。「刈包大王」除了豬焢肉，另有培根、火腿、荷蛋多種。後來也有人賣泰式椰汁咖哩雞刈包、北京烤鴨刈包、法式紅酒燉牛肉刈包，可見形式內容之變化是無窮的。

製作外皮也能變化多端，如和麵的水可改成牛奶；若加山藥泥一起和，能有效軟化麵皮；油的選擇亦多樣，奶油、橄欖油、沙拉油等等。刈包所用的食材都很香，鹹的焢肉，甜的花生粉，和漬酸菜、鮮芫荽，鹹、甜互相修飾，醃、鮮彼此發揚，酸菜又平衡了五花肉的油膩，眾味交響，和諧，同時滿足了味蕾的每一區域。它總是努力修飾，希望表現面面俱到的好人緣。

我猶原偏愛傳統味。臺南永樂市場「阿松割包」的刈包肉餡漬過紅糟，福州老滋味，一份兩個，附湯。用新鮮酸菜丁，色淡，偏酸；最特別的是捨花生粉改用自製花生醬，我愛吃其豬舌包。

傳統刈包還提供飽足感和高熱量，支援勞力者的體能。可能三重居住了不少勞工，予人淋漓痛快感的庶民美食如滷肉飯、焢肉飯、豬腳飯就相對發達。二二八公園旁有一刈包攤，無招牌，攤車前經常大排長龍，大家喚它「那攤刈包」；那攤刈包的焢肉頗具咬勁，搭配炒酸菜和花生粉。

香傳千里，洋人也愛上了這個味。臺灣青年黃頤銘放棄執業律師，轉行在紐約東村開了一家刈包專賣店Baohaus，用可樂滷製紅燒肉，並加入蛋、雞排，經營出時尚臺灣漢堡。刈包標準化之後，製作起來比漢堡快速，我想像未來的中式速食餐館，賣刈包，也賣肉夾饃、燒餅油條、光餅、飯糰、蛋餅、大腸包香腸、粽子、筒仔米糕……

不過刈包這種高脂肪、高糖分的食物不宜多吃，像肥友趙舜、吳清和一口氣吃八個，委實欠缺檢點。臺南小東路「一點刈包」從前是凌晨一點開始營業，室內、戶外總是客滿，料想成大學生多嚐過此味。然則它其實不適合當宵夜，更宜作早餐。

年輕時編中國時報副刊，吃的是萬華「刈包吉」，感念它體貼齒髮動搖的老人，焢肉滷得軟爛；更值得一提的是老闆廖榮吉先生每歲過年前辦流水席，宴請遊民、老人和失業勞工，賣刈包利潤微薄，十七年來他都用賣刈包攢的錢行善。我離開中國時報前，刈包吉已現身江湖，冬天吃他的刈包，尤能領略溫情和夢想。

在時間的街市，攤車前停下腳步，我們吃完刈包，繼續逛向繁華的夜市。

珊珊大學畢業了，我們又遷居回木柵，一年來彷彿離開十丈紅塵，窗外不遠是一格山列，猴山岳，指南宮，樟山寺，天恩宮；樓下好像伸手可及的景美溪。我珍惜和家人一起大啖刈包的夜晚，也珍惜現在一起散步河濱的黃昏。大雨後景美溪暴漲，淹沒我們散步的河濱步道，草地，球場，作勢要漫過堤防；雨歇後，它又逐漸恢復潺潺小溪，乖乖回水道，閃著波光，轉彎，帶著溫情逕自向前流去。

春蘭割包
地址：高雄市新興區復興一路5號（民生路口）
電話：07-2017806, 07-2819831
營業時間：10:00~20:00，三節店休

阿松割包
地址：臺南市國華街三段181號
電話：06-2110453, 2205249
營業時間：08:00-18:00，週四店休

東海刈包大王
地址：臺中市龍井區東園巷43號
電話：04-26523686
營業時間：07:00-01:00

藍家
地址：臺北市羅斯福路三段316巷8弄3號
電話：02-23682060
營業時間：11:00-24:00，週一店休

石家割包
地址：臺北市通化街21號
電話：02-2709-5972
營業時間：10:00-24:00

茶葉蛋

醫院裡似乎永遠缺乏食物。我下樓進餐廳，覺得餐檯上的東西都像飼料，實在不堪入口。這醫院尤其偏僻，僅門外一家便利商店，進去買了兩顆茶葉蛋，回病房問她要不要吃？好。嘴巴卻已經不聽使喚，恐亦已無法吞嚥。忽覺茶葉蛋苦澀。凝視著沈睡在病榻上的妻子，忽覺有點陌生，剃光的頭顱有三處明顯亮禿，應是一年前在廣州作光子刀治療後留下的傷痕。我理解生命中不免有許多損傷和裂痕，也許有那些裂痕才是真實的人生。

往事如茶葉蛋浮現。轉瞬又過了兩年多，徐哥、文琪的公子在日月潭舉行婚禮，安排親朋好友先住進涵碧樓。夜裡和妻子外出散步，路旁買了茶葉蛋邊走邊吃。大概托「金盆阿嬤茶葉蛋」聲名之蔭，日月潭一帶賣茶葉蛋者夥，所售也多添加香菇滷製。

茶葉蛋流傳甚廣，幾乎遍佈大中華。在臺灣，這種庶民小吃更緊密連接著生活，甚至成為許多數據的指標，如最近要調漲的基本工資，換算後大約是每天一顆茶葉蛋，清楚明瞭。尤有甚者，便利商店都賣茶葉蛋，每家店內皆備有電鍋，鍋內不斷冒出蒸氣，一顆顆滾燙的茶葉蛋顯現不規則裂痕。超商的茶葉蛋價格是物價指標，據說單是統一超商一年即可賣出四千萬顆茶葉蛋，是為「黑蛋傳奇」。

有時旅行異域，在酒店內早餐吃水煮蛋，原味，撒一點鹽就很美。茶葉蛋則必須入味，類似滷蛋的美學原理，令茶湯滷汁有效滲入蛋白及蛋黃，干涉其味道；異於滷蛋的是帶殼製作，滲透之道乃依賴蛋殼裂縫。那裂縫乍看似毀壞，似傷痕，其實是茶葉蛋之宿命。人生本來就不缺乏損傷與苦澀。既選擇入味，就註定回不去水煮蛋的時光，回不去了年輕時光；那些裂痕，那深褐紋路的表皮像歲月的皺紋，像生活的歷程，深刻，實在，飽滿著記憶之味。既選擇茶葉蛋，就必須割捨滷蛋的可能；既然從事文學工作，不免就喪失了當科學家的抱負。

生命中太多茶葉蛋往事了，雪山隧道未通車前，北宜公路九彎十八拐，把我的么女拐得暈忽忽地吐了，心疼得要命，趕緊路旁停車，取出剛才買的「北宜蛋之家」茶葉蛋吃，喝茶，聊天，等待元氣恢復。也曾帶著岳父母遊日月潭，來到玄光寺旁，停好車，買幾顆「金盆阿嬤」茶葉蛋，聽說鄒金盆女士從二十幾歲賣茶葉蛋賣到八十幾歲。坐在涼亭內吃茶葉蛋看湖，湖心是光華島；更多年前，雙還抱在我懷裡，遊船上島……

茶葉蛋是水煮蛋加上滷製工序，加鹽水煮，用小火煮熟，待涼；輕敲蛋殼令龜裂，再入茶湯滷汁煮至入味，熄火，浸泡兩小時左右即可。茶葉自然採用便宜的碎茶葉，多為紅茶、烏龍茶之類；綠茶久煮恐釋出苦澀味，較不宜使用。五香滷包的配方則大抵不出甘草、八角、小茴香、桂皮、胡椒、花椒、白芷之屬。口味差異就在滷汁，有人嚴選所用的醬油，有人從滷肉得到啟發。臺南「所長茶葉蛋」經兩道滷製工序，完全入味；此乃新化知義派出所所長廖世華所創，故名。除了茶葉蛋，所長用大塊黑豆乾製成的「豆乾堡」也算招牌，泡菜、鹹菜、香腸夾在豆乾中，可謂刈包的變形表現。

人生果然像茶葉蛋，偶有傷痕與毀壞，像烹煮的茶葉，略帶苦澀；苦中帶甘，苦中作樂。微笑中閃著淚光。茶葉蛋表現一種入味美，唯裂痕越多越能入味，雞蛋久煮後蛋殼龜裂，茶葉之香循著裂紋滲入蛋內，蛋白彈牙，蛋黃綿密，帶著輕淡的醬味和茶香。

有一年九月家庭旅遊，宿清境農場「老英格蘭」，清晨上合歡山，半途先在路邊的便利商店買茶葉蛋。我們在松雪樓前合影，對著合歡尖山吃蛋，看武嶺邊坡盛開著虎杖花，紅與白相間，遠處藍得發慌的天空和奇萊連峰，高山箭竹，冷杉；近處的石門山，玉山薄雪草，金邊菊，臺灣烏頭，玉山石竹，旁邊瑟瑟搖曳的秋芒，像上帝的秘密花園。忽覺嘴裡的茶葉蛋有一種高海拔的滋味。我們能這樣一直吃茶葉蛋下去嗎？

蛋殼上的裂痕是一則隱喻。人生的傷痕亦然。如今如今，再無機會再一起遊日月潭，一起走北宜山路，一起登合歡山，一起散步吃茶葉蛋了。

金盆阿嬤茶葉蛋

地址：南投縣魚池鄉日月村中正路403號
（日月潭大飯店隔壁，玄光寺旁）
電話：049-2855063
營業時間：09:30-17:30

所長茶葉蛋

地址：臺南市新化區忠孝路19號
電話：06-5909198
營業時間：08:00-19:30，假日至20:00

將軍茶葉蛋（北宜蛋之家）

地址：宜蘭縣頭城鎮青雲路一段117號
電話：03-9875588
營業時間：週一至週五 10:00-19:00
假日09:00-19:00

蚵嗲

好像失語的青春。大學聯考又落榜後，被徵召入伍服兩年兵役，其中一年半在金門、烈嶼度過。我的日子多半很憂傷，夾雜著無以名狀的憤懣，沒多久就發現女朋友移情別戀了。

夏日午后，蟬嘶斷斷續續，似乎有一種壓抑的呼喚和叛逆。

我和小武蹓出營區，躲進一間彈子房撞球，又在隔壁吃一碗麵線糊；離開時忽見兩個憲兵，我們警覺地拔腿就反向逃跑，急急閃進冰果室，探頭出來，快速奔過貢糖店、理髮店、小吃店，跑離街道，穿過相思樹林，越過高梁田，跑上土丘，聞到炸蚵嗲的氣味。確定沒有憲兵追過來才放緩腳步，繞回那間小店吃蚵嗲。

蚵，即牡蠣，臺灣俗稱「蚵仔」。炸蚵餅閩南語叫蚵嗲（ô-de）、蚵仔炸。

金門特殊的戰地背景，封閉，固著，飲食殊少受到外來的影響，乃保留了許多閩南的古早味；尤其表現在小吃上，諸如源於廈門的滿煎疊、麵線糊、蚵仔麵、蚵嗲、馬花炸、豆包仔粿……廈門的「蠔仔炸」、「蠔仾炸」是將海蠣、地瓜粉、青蒜末和成粥狀，油炸成熟；此物渡海到了金門，易名為蚵嗲。

蚵嗲在金門又叫「蚵疊」，烈嶼則稱之為「炸炸粿」，使用石蚵，數量頗夥，加上韭菜、高麗菜、胡蘿蔔、香菇，裹上麵糊油炸。金門的石蚵氣質清新脫俗，嬌小，細嫩，尤以農曆二月時最美，連軌條砦也爬滿石蚵。澎湖也產石蚵，多用來蘸芥末生吃或製蚵仔煎，罕見蚵嗲。

多年後，數度重訪金門，總是要到貞節牌坊正後方那攤「蚵嗲之家」大啖，總是吃完蚵嗲再吃店家的炸芝麻球，花生、紅豆、綠豆三種口味都來，確實好吃。邊吃邊逛邱良功母節孝坊、清朝總兵署、奎閣、陳詩吟洋樓，在古蹟中領略古早味。

蚵嗲之家用兩口油鍋製作：一鍋先低溫炸定型，待顧客選定後，再用另一鍋高溫炸熟脆；老闆每天換油，其產品非但不顯油膩，酥脆的表皮裡面滿溢新鮮的蔬菜和鮮蚵。

蚵嗲的作法簡單：先在鍋杓內抹一層粉漿，加入牡蠣、韭菜等材料，再抹上粉漿，放入油鍋內炸熟。成品金黃，呈飛碟狀。賣蚵嗲者多兼營其它炸物，如蚵仔酥、豬肉炸、花枝炸。剛炸出來的蚵嗲最好吃，其美學特徵是外酥內鮮，皮薄而酥脆，餡豐且鮮美。獃子才會將蚵嗲搞得又糊又油又軟。

臺灣到處有蚵嗲，唯獨彰化叫它「蚵仔炸」。我心儀的蚵嗲多集中在王功。一般蚵嗲麵衣多用麵粉、玉米粉或地瓜粉調製，只有王功用三分在來米、混合一分黃豆磨製粉漿。調製麵衣，存乎經驗，美味關鍵包括米漿之調製比例、蚵和蔬菜的鮮度、炸油的品質。

王功可謂牡蠣的故鄉，自古即為珍珠蚵產地，空氣中瀰漫著海味，鄰近的溪湖鎮又盛產韭菜，蚵仔炸自然成為地標美味。王功無處不炸蚵，每天現採現剝，芳漢路上隨處可見婦女在剝牡蠣殼，賣蚵仔炸的商家很多，美味者不少；「巷仔內」、「洪維身」、「老地方」，和沒有店名的「大樹下」都是我欣賞的店家。

「巷仔內」僻處窄巷內，創立於一九四八年，和「老地方」俱屬元老級蚵嗲店，營業都超過一甲子。夏天吃燙嘴的蚵仔炸，總想來點冰品，所幸巷口就是「泉芳枝仔冰」，賣四果、龍眼米糕、花生牛奶、百香果、鳳梨、青芒果……等多種口味的古早冰棒。我在王功考察蚵仔炸時，曾買了一箱泉芳的冰棒飆車回臺北，和二魚文化的同事們分享古早味。

「洪維身」店內貼了一張「王功海潮汐表」，提醒顧客海潮變化快速，戲水要小心；可見來王功吃蚵者也流連海景。牡蠣養殖在沿海潮間帶，蚵農發展出「觀光採蚵車」，退潮時行駛潮間帶，巡禮一排排放養牡蠣的竹架，和彈塗魚、招潮蟹、蛤蜊，以及稍遠處的水鳥。

在王功走路吃蚵仔炸，吹風看海賞落日，實屬生活快事；我歡喜坐在海邊看蚵寮：漲潮時蚵農用以休憩、看顧蚵架的所在。海上蚵寮在夕陽餘暉中，身影特別美麗。

表皮已然老化的蚵仔炸，咬開來，蹦出鮮美的牡蠣，顫動著，像被封鎖的悸動的青春。忽然憶起一九八九年初訪北京，汪曾祺先生即興作了一幅畫相贈，落款用沈從文先生詩句：「解得夕陽無限好，不須惆悵近黃昏」。這幾年我慢慢理解，一切雖在永恆的消逝中，猶有不會消逝的精神和記憶，黃昏的外貌還可以激盪著青春的心靈。

蚵嗲之家

地址：金門縣金城鎮莒光路一段59號
電話：082-322210
營業時間：14:30-19:00

巷仔內

地址：彰化縣芳苑鄉博愛村芳漢路王功段仁愛巷3號
電話：04-8933478
營業時間：平日09:00-19:00
假日10:00-18:00，週一公休

洪維身蚵仔炸

地址：彰化縣芳苑鄉王功村漁港路海埔段1923號
電話：04-8935660
營業時間：08:00-20:00

大樹下蚵仔炸

地址：彰化縣芳苑鄉仁愛村芳新路芳苑段26號
電話：0911-691632
營業時間：09:30-13:00, 14:30-17:00

棺材板

四十年後，我重訪「沙卡里巴」商場。它已搬遷到中正路，商場被新南國小新建工程圍住，店家招牌努力地高豎，一付奮力突圍的表情。商場裡面有點昏暗，曩昔的繁華已杳，似乎只剩下榮盛米糕、老牌炒鱔魚、阿財點心、赤崁點心店固守著我的記憶。

我點了一客棺材板，切開，裡面的稠湯流下，整個酥炸土司泡在湯中。滋味依舊在，只是，彷彿多了一點滄桑孤獨的況味。相傳棺材板即創始於赤崁點心店，乃店東許六一先生突發奇想製出的西式點心，原名「雞肝板」，用土司麵包炸成金黃色，挖空成酥盒；裡面的配料包括雞肝、雞肉、墨魚、豌豆、胡蘿蔔，煮熟後以牛奶勾縴。味道跟臺南大部分食物一樣，偏甜。此店創立於一九四二年，可見棺材板之問世應在四〇年代。

在貧困的年代，雞肝一類的內臟是昂貴的食材，現在已漸少使用，第二代掌門人許宗哲先生，為了迎合現代人的養生飲膳觀念，捨棄棺材板的雞肝內餡，易為海鮮蔬菜。

沙卡里巴是「盛り場」的臺式日語，繁華街道的意思，當時是隨著花街柳巷而興起的。日據時代，現在西門圓環一帶是臺南最熱鬧的夜市，聚集了戲院，酒家，算命的，賣草藥的，變戲法的，和各式各樣的小吃攤。光復後易名康樂市場，不過人們仍習慣沿用舊名。盛り場，中間有「り」明顯表示要訓讀，這詞彙出現於江戶時期（十七世紀左右），如今叫喚它，竟覺得濃濃的懷舊味。

老夜市屢遭祝融，前後一共燒了五次，最嚴重的一次是在一九九〇年，從海安路一直燒到友愛街，許多老舖毀於一旦。店面燒光了，手藝流傳到別的地方繼續營業，如炒鱔魚、米糕、鼎邊趖、棺材板等等。

據店主許六一追溯，臺灣大學考古隊來吃雞肝板，其中一位教授說：這東西的形狀很像我們正在挖掘的石板棺。店主聞言覺得有一種聳動視聽的挑戰性和好奇心，遂而易名。另有一說是成大附屬工業學校的教授。可見我們的社會一直非常尊重教授；市井小民一向比教授謙遜，覺得他們書讀得多，見聞廣博。

當時夜市裡有四十家在賣棺材板，唐魯孫追憶：「亞航有位美籍工程師史密師，是夜市小吃攤的常客，他發現有一個賣棺材板的攤子，當爐的少女長得秀麗爽朗，她做的棺材板，是咖哩牛肉餡，炸得酥而不膩，頗合那位洋朋友的胃口，於是成了天天座上客，也問出了小姑娘叫蔡阿綢，洋朋友有一年吃了一百七十多次記錄，追了一年多，有情人終成眷屬。」這洋人真幸運，吃美食又能看美女，不過一年才吃一百多次，太少了，太少了。

我還是窮高中生時就很愛吃，曾專程搭火車去臺南，直接就到沙卡里巴吃棺材板，好像當時是長立方形，蓋上一片炸土司，形狀更似棺材。然則這名字總是令人不安，有些店家為求吉利，遂易名為「官財板」，如花蓮自強夜市「蔣記」、「法式」，花蓮的官財板另起爐灶，強調在地創意，土司先沾蛋液再油炸；餡料融合烤肉、熱炒概念，捨棄傳統的濃稠高湯，內餡較乾爽，性質接近漢堡；也不提供刀叉，僅用紙袋裝著，可邊走邊吃。以上兩家皆贈送飲料，口味甚夥，諸如宮保雞丁、三杯雞肉、鳳梨蝦球，以及沙茶、沙嗲、蔥爆、糖醋、蜜汁、泡菜等等各種口味的肉品。

棺材板可謂臺灣飲食國際化的先聲，無論是作為容器的土司、濃湯形式，或刀叉器具，都屬西方元素，雞肝又令人連想法國的鵝肝；不料加在一起卻變得臺味十足。其實，這種濃湯並不適合使用刀叉來吃。

那是一種想像的西式點心，想像西方人的主食是麵包，想像他們在餐桌前例用刀叉，想像西餐都喝濃湯；於是產生了雞肝板。反正雞肝、鵝肝差不多啦，學習西方是一種必要，日本也是明治維新時全面仿效西方，才逐漸壯大的啊。

近代華人遭受幾百年的屈辱，進步、文明已成為集體渴望。棺材板留下西餐東漸的脈絡，西方飲食文化衝擊的痕跡，烙印著求新求變的精神。如今是一種逐漸式微的小吃，性格又憨又拙。

赤崁點心店
地址：臺南市中正路康樂市場內180號
電話：06-2240014
營業時間：11:00-21:00

蔣記官財板
地址：花蓮市中華路33號（自強夜市內）
電話：0935-242414
營業時間：16:00-00:30，週二店休

法式官財板
地址：花蓮市中華路33號（自強夜市內）
電話：0932-654443
營業時間：17:00-00:00，週四店休

臭豆腐

臭豆腐攤車又緩緩開進巷子裡，氣味洶湧，好像直接就來到書桌。下樓看見繼父已經在餐桌前吃一盤臭豆腐，他瞄了我一眼，繼續挾一口泡菜送進嘴裡。好想吃一口啊。可惜並無任何詢問，邀請。嚥了嚥口水，無奈地回頭上樓。

叫賣臭豆腐的聲音持續鑽進耳膜，自尊心令我不再起身。起初，它即是如此沿街叫賣的攤販，瀰漫我童年到青年的衢巷記憶。

賴瑞卿妙文〈異味諜影1958〉，敘述臭豆腐初現嘉義時，驚動全村的人都跑出來探詢滯留不散的濃臭味，有人說點像大便，像腐敗的魚鮮，又像冰庫裡的豬肉爛掉，有人輕聲問：會不會是匪諜在施放毒氣？他和大哥騎腳踏車循著異味，來到賣臭豆腐攤，捂著鼻子，嚥著口水，蹲在攤前等著起鍋，「終於等到大哥站起來，走上前，像是領獎般捧著一盤臭豆腐，走回我跟前，我聞到一股異味，覺得所有東西都變成金塊在眼前搖晃，整個人輕飄飄的，最後浮起來了。」暈倒後被緊急送到當地最大的醫院，村人議論紛紛：「聽說他是匪諜，是共匪派來的臥底，有一次，他故意把臭豆腐炸得很臭很臭，還加了一些毒素……」

臭豆腐乃豆腐發酵加工品，流傳於大中華圈，尤以臺灣、長沙、上海、北京較具代表。各地製法不盡相同，如長沙「火宮殿」的臭豆腐是用冬筍、香菇、麴酒、豆豉製成的滷水浸，浸到表面生出白毛，顏色變灰，再慢慢炸到膨脹、變黑，澆蒜汁、辣椒、香油吃。紹興油炸臭豆腐則是浸霉莧菜梗漬成的滷水。

臺灣的傳統滷水則用老莧菜浸泡洗米水，發酵；也有以刺桐葉、菜心、冬瓜、花椒……加鹽醃漬。現在多用發酵菌培養臭滷水，製程短，也較衛生。臺式臭豆腐的特色之一是搭配酸酸甜甜的泡菜，有效矯正炸物的油膩感，優於香港蘸甜醬的吃法；而且維生素C還可以阻斷臭豆腐的亞硝胺生成。此外，臺式臭豆腐總是淋上蒜末，吃過的嘴呵出大蒜口氣，帶著豪邁性格。

臭豆腐奇臭，濃香，這種重口味最不能缺少的是大蒜和辣椒，惡馬自有惡人騎，氣味濃烈的臭豆腐，必須澆以蒜泥和辣醬或辣油，才能鎮壓得住。那是一種奇正相生，香臭互相發明的對比美學。名廚張北和先生有一次宴請，清蒸新鮮鮑魚，佐以臭豆腐乳，令香／臭、鮮／腥產生強烈對比，張力飽滿。

許多食物之開發皆出自偶然，臭豆腐之發明亦然，相傳清康熙年間，王致和在北京經營的豆腐舖，無意中發現罈中疏於照顧的豆腐變成青色，奇臭無比，卻很好吃。

臭豆腐的吃法多樣，諸如麻辣、清蒸、油炸、碳烤、煮湯等等。其中以碳烤最具臺灣特色，以竹籤串起臭豆腐乾，塗抹醬料上烤架，如今已成為夜市常見的小吃。

麻辣口味是臺灣人取法於重慶麻辣鍋所創，總是跟鴨血、酸菜、豬大腸一起出場；回頭又影響麻辣鍋、涮涮鍋加入臭豆腐，如「大腸臭臭鍋」。清蒸臭豆腐也少不了辣味，許多餐館製作極佳，如「醉紅小酌」。

油炸口味追求表皮香脆，裡面柔嫩，兩次油炸工序能臻此境：初次以較低油溫炸熟臭豆腐，第二次則鼓猛火炸酥。要之，須使用新鮮的炸油，臺南「實踐堂臭豆腐」每天出攤時開場開罐注新油；收攤時將底油傾入廢桶，收集整桶後賣給版模商。「豪記臭豆腐」營業已超過一甲子，將炸臭豆腐當牛排，分成三分、五分及七分的做法，所謂三分，是切臭豆腐為四小塊，口感爽脆的南部口味；五分的臭豆腐是中部風格，將臭豆腐斜切成兩塊三角形；而七分則是整塊臭豆腐下鍋油炸，僅上面稍微切開一刀。

臭豆腐在臺灣相當風行，堪稱有井水處即有臭豆腐。諸如彰化田中「原橋頭臭豆腐」、高雄岡山「釁」臭豆腐、大溪「阿杏臭豆腐」、深坑大榕樹下的碳烤臭豆腐、臺北「宋記上好臭豆腐」、三重228公園臭豆腐攤等等。好吃的臭豆腐尤以高雄為夥，「福記」

研發了元寶臭豆腐，另加九層塔提味，都頗富創意；「江豪記」以脆皮、清蒸臭豆腐威震江湖；「盧記臭豆腐王」、「香味」都是先入鍋油炸至金黃酥脆，再挖洞放入大量青蔥、蒜泥、醬料，外脆內軟，是晚近流行的脆皮臭豆腐製法。

其實臭豆腐講究衛生，經營用餐氛圍和服務品質，也能吃得優雅，時尚。此外，若覺得它的名字太庸俗，易名為「油炸發酵豆腐佐醃漬蔬菜及羅勒、蒜泥和辣椒醬」如何？會不會比較吸引崇洋者？

初嚐臺東「林記臭豆腐」是臺鐵臺東站站長帶路，剛認識，彼此又有點木訥，他認真尋找話題，努力講一些好聽的話：「焦桐老師，您今年貴庚？六十幾還是七十幾？」我很吃驚，油然升起自卑感，明明才五十出頭，為什麼就給這兩種選擇，生氣地選擇年輕的一種，六十幾啦。站長更認真地恭維：「我就說嘛，您看起來一點也不像已經超過七十歲了。」

林記就在「老東臺米苔目」旁邊，最特別的是除了泡菜，另添加九層塔絲，令香草修飾厚重濃烈的臭豆腐。可恨那天晚上我的臉大概比臭豆腐還要臭。

我像一塊臭豆腐嗎？忽然又想起不久前，在捷運車廂上見到一位美麗的洋妞，我站在她面前盯著瞧，可能感覺到被人緊盯著，她抬頭望了我一眼，嫣然一笑。我被那笑容弄得心律不整，正在編織各種可能會發生的故事，悲慘的事發生了，她，她竟起身讓座給我。我覺得快崩潰了，她難道不知道一個中年男人的脆弱？

福記
地址：高雄市苓雅區五福三路117-7號
（國軍英雄館旁）
電話：07-2419477
營業時間：14:30-23:00

江豪記
地址：高雄市三民區建工路347號
電話：07-3961199
營業時間：11:30-00:30（週日至00:00）

香味
地址：高雄市七賢一路7,9號
電話：07-2255302
營業時間：16:00-24:00，每月休二天（不固定）

盧記臭豆腐王
地址：高雄市三民區中華三路253號
電話：07-2819808
營業時間：平日11:00-14:00, 17:00-01:00
假日11:00-01:00
除夕休

實踐堂臭豆腐
地址：臺南市新營區中正路37-1號
電話：06-6370555
營業時間：13:30-19:00

豪記臭豆腐
地址：臺南市夏林路1號（永華路／夏林路交叉，水萍塭公園對面）
電話：06-2221010
營業時間：平日16:30-24:00
假日11:30-24:00

林家臭豆腐
地址：臺東縣臺東市正氣路130號
電話：089-334637
營業時間：12:00-23:00

阿杏臭豆腐
地址：桃園縣大溪鎮得勝路3號
電話：03-3883105
營業時間：一般09:00-22:00
夏季16:00-22:00

宋記上好臭豆腐
地址：臺北市錦西街86號
電話：02-25520858
營業時間：16:00-01:00

醉紅小酌
地址：臺北市羅斯福路三段240巷1號
電話：02-23678561
營業時間：10:30-14:00, 17:00-21:30

芥末和山葵

已經習慣每天清晨吃芥末（mustard）了。攤商知道我這個老主顧食量大，蘸料也用得多，每次都給了約三倍的芥末量。這家虱目魚攤比大部分餐館潔淨衛生，操作認真，魚都是一份一份地煮，絕不馬虎。我喜歡看邱氏夫婦煮魚，常被那一絲不苟的態度所吸引。我問昨天為什麼又不出來營業？魚貨不漂亮，邱老闆說。

邱老闆苦於眩暈宿疾，發作時就在家休息，或竟艱忍著營業，整治魚腸，煮飯，熬湯。從前我不了解，曾埋怨他太愛休假，缺乏社會責任感。有一次我特地帶音樂家陳郁秀、張正傑前往，又沒出來營業，我們敗興地吃清粥小菜，也有魚，卻沒有芥末。

臺北除了「邱丘虱目魚」攤，清晨只有在臺南才吃得到這種好滋味，如「阿堂鹹粥」的魚粥、魚腸、魚湯都很美味，可惜其蘸料用辣醬和醬油，滋味稍遜矣。生活若沒有了芥末，魚鮮怎麼辦？人生太無常，世間美好的事物又都很短暫，我每天清晨吃虱目魚蘸芥末醬油，總是充滿了珍惜，感恩。

芥末又叫芥子末，乃芥菜成熟的種籽，經乾燥加工處理製成，臺灣人吃生魚片、握壽司多用芥末醬——以芥末粉泡水調製。芥末調一點醬油蘸水產吃，芳香辛辣，另帶著嗆味，能催淚，並強烈刺激口舌。大清早，它喚醒所有沈睡的感官。

臺灣人多喚芥末「わさび」，其實わさび是山葵。至於吃粵式點心、熱狗、漢堡所用膏狀「芥末醬」其實是辣根（Horseradish）所製，辣根又稱為西洋芥末，味道相對溫和。芥末作調料也常見於中國北方，主要用來拌菜，如芥末白菜和芥末雞絲等。日本人則愛用咱們阿里山的新鮮山葵研磨，山葵的價格遠較芥末粉、辣根昂貴。

山葵是高山植物，我們用來製蘸醬的是其綠色長條狀根莖，表皮粗糙，較高檔的日本料理餐廳多用山葵。檢驗日本料理店的水平，第一個標準可以是蘸醬，我們不會要求路邊攤用山葵，我們也不會容忍收費昂貴的餐館使用芥末粉。

芥末的辛嗆甚強，一入口辛嗆就直沖腦門，催人眼淚。山葵之味卻相對輕淡，些微的辛嗆味之外，散發幽微的清香，幫助魚生展現其鮮美，是日本最有代表性的調料之一，可謂日本料理的符碼。除了和生魚同食，也適合佐各種海產，和蕎麥麵、泡飯。尤其夏天，わさび醬汁澆淋冰涼的蕎麥麵，如烈日柳蔭下品茗，淡定，閒適，忽然領悟什麼。

我愛山葵清新的氣質，迷人的香味，每次去濱江果菜市場旁「安安海鮮」買生魚片，都順便買一根山葵回家，洗淨，去皮，研磨成泥，抹一點在生魚片上，再蘸一點點醬油吃。神的路途穿越澗水，穿越阿里山的煙嵐，來到我面前。啊，求主垂允，在人生的道路上，常有它陪伴。

山葵原產於日本，性喜冷濕，它適宜生長於高山水畔，水質越冷冽清澈越利於成長，過程不需要肥料，也毋需呵護照顧，是不會污染環境的綠色食品，難怪氣質脫俗出塵。日據時代日本人即引進阿里山上栽種，所生產的山葵幾乎都是賣給日本人，至今新鮮山葵大部分仍然外銷到日本。吾人旅遊阿里山，買些山葵帶回家，是高尚的伴手禮。

日本人總是把最好的農產品留給自己，次級以下的才外銷讓外國人吃。臺灣山葵較日本所產碩大而芳香，我在東京築地市場見咱們的阿里山山葵和當地山葵並列，風姿更美，價格更高，忽然升起一種優越感。

山葵清香，外在雖似煙籠寒水，卻絲毫不婉約溫柔，彷彿拒絕馴化的女性意識，智慧，勇敢，有一點野性，帶著高度節制的叛逆性，卻不致全面顛覆，不會強出頭，去遮蓋一切，主導一切。

安安海鮮
地址：臺北市民族東路410巷29號1樓
（濱江果菜市場旁）
電話：02-25057336
營業時間：07:00-14:00，週一店休

丸億生魚片
地址：臺中市北屯區遼寧路一段376號
電話：0931-606776
營業時間：11:30-12:30, 14:00-19:00

貢糖

部隊剛移防金門時她每天都會寫一封情書給我，如此半年，忽然就音訊杳無。我心知肚明，她已經有了新的男朋友。我覺得快要罹患憂鬱症了。每天早晨醒來都失去起床的力量，不知如何鼓動勇氣去過新的一天。很難想像，如果金門沒有高粱酒和貢糖怎麼過日子？我幾乎夜夜喝高粱酒，喝酒時含淚想念著戀愛三年的芭蕾舞女伶；也常常吃貢糖，那糖份似乎，能瞬間幫助人暫忘痛苦。我在金門居住過十八個月，這輩子的貢糖配給，恐怕早就消耗光了。

貢糖是一種花生酥糖，名稱的由來和「貢丸」一樣。為求糖質綿密細緻，製作過程需加以搥打，閩南語搥打音「貢」。貢糖就是打出來的花生糖，反覆搥打碾壓，將炒熟的花生和上煮熟的麥芽糖漿，搥得細碎，再包餡、拉酥、切割、包裝。

製作貢糖頗為複雜，大致是炒花生，熬漿，拉酥等步驟。炒花生是有講究的，要炒到香氣最飽和的臨界點：撥開花生仁觀察，花生仁中心出現溝縫，顏色呈淡黃色才是。接著是熬漿，用砂糖和麥芽糖加水熬煮，兩者混合的比例和火候都關係到口感；熬煮的過程中，要持續攪動，令麥芽糖勻散，也避免黏鍋底。最後，脫膜的熟花生倒入膠稠的糖漿中攪拌混合，花生與糖的比例大約是二比一，擀碎，輾壓成片狀，包入花生粉、芝麻、蒜泥、精鹽等內餡，拉長起酥，以條尺規範，切塊。

從前，是將花生和糖漿攪拌均勻，在石塊上反覆搥打；這工序最勞累，要在糖膠完全冷卻凝固之前，將一顆顆花生打碎成粉，混合糖膠。糖膠須保持溫度才利於操作，如果溫度過高，擀起來不酥；過冷，一擀即碎。現在已用電腦選料，自動化焙炒，脫膜，過濾不良品，溫控煮糖，壓碎及整型，切割，自動化包裝。

金門降雨量不多，日照強，蒸發快，蓄水力又弱，常處於缺水狀態。地質主要由花崗片麻岩構成，全島覆蓋酸性強的砂土與紅壤土，缺乏腐植質，僅適宜種植較耐旱的雜糧性作物如花生、高粱、小麥等。特殊的風土條件，造就花生粒小密實，油脂較高，口味飽滿濃厚。不過金門產的花生已不敷所需，大部分仰賴臺灣進口。

這麼多年了，金門貢糖的口味和世事一樣多變。從最初的原味、香酥、豬腳、鹹花生，愈趨多樣，諸如蒜味、芋頭、抹茶、肉鬆海苔、黑芝麻、咖啡等等。豬腳貢糖用麥芽糖包裹花生酥，有點黏牙，濃，卻化得開。我心儀的貢糖是鹹酥和竹葉兩種口味，鹹酥貢糖外脆內綿密，牙齒輕觸即碎，裡面的花生粉四散在嘴裡，溫柔黏貼於舌頭，回憶般慢慢溶化。竹葉貢糖外覆一層麻竹葉，輕淡竹葉香擁抱著花生酥，乃小金門「金瑞成貢糖店」所研發。

在金門，我常吃的貢糖品牌包括「名記」、「金瑞成」、「天工」、「聖祖」，它們伴我度過悲傷的歲月，覺得未來還會有歡樂的希望。將名記發揚光大者是第二代傳人陳金福，金門貢糖創始者「命師」陳世命先生的四子，立號「陳金福號」，堪稱老字號，新品牌；原來的名記則由三子陳金慶經營。

金瑞成起先在小金門林邊村，乃洪金造、林瑞美夫妻在一九六〇年創立，也是家族式經營；一九九八年開在八達樓子旁，這棟洋樓融合了巴洛克和閩南風格，是小金門最大的貢糖店。店內最出名的就是竹葉貢糖，他們選料時即區分等級，最好的原料用來生產竹葉貢糖。

最初，貢糖是金門人的茶點，均為家庭式的無名小工廠製作，產品直接就送往茶桌（老人茶坊）銷售。一九五九年第一屆全國商品展獲最優等之後聲名大噪，成為士兵退役返臺必備的伴手禮。從前金門人吃貢糖有搭配油條的辦法，「紅菸蓄仔火，貢糖油炸果」，油條冷卻後，對折，夾入一塊貢糖。後來更有「春捲包貢糖」、「饅頭夾貢糖」等新吃法。

貢糖源自廈門，在金門發揚光大，兩地的貢糖頗有不同。金門的製作比較精緻，廈門的貢糖則是含糖份較高。金門製作貢糖的技藝也傳入臺灣，羅東「金少爺西餅」的古早味貢糖就令人欣喜。

在我們居住的球體上，多數生物像蕭伯納那麼嗜愛甜食，然則糖最初的角色是藥物，它在藥房裡很有地位，法國有句老話說某人缺乏某種要緊的東西，就說「像沒有糖的藥劑師（like an apoghecary without his sugar）」。

二十世紀人類飲食習慣最大的變化之一，是糖。以美國為例，他們每年平均吃下一百四十五磅的糖，相當於每天二十八茶匙。二十世紀初，糖還是奢侈品，當時的美國人平均消費量是每年五磅，一個世紀之間，每個人吃糖增加了二十九倍。

貢糖不只是糖，它咬即碎，含即溶，美學性質像愛情，容易破碎，破碎後足堪回味。不知道為什麼，即使只看到貢糖的圖片就會流口水，我愛它已經到了無法自拔的地步。若非血糖偏高，我下半輩子只吃貢糖。除了要花錢買，貢糖毫無缺點。

陳金福號

地址：金門縣金城鎮伯玉路一段90號
電話：082-321414
營業時間：08:30-18:30

聖祖食品

地址：金門縣金城鎮伯玉路二段301號
電話：082-323456
營業時間：08:00-18:00

天工貢糖

地址：金門縣金湖鎮復興路59號
電話：082-337946
營業時間：08:00-19:30

金瑞成貢糖

地址：金門縣烈嶼鄉西路35-1號
（八達樓子旁）
電話：082-363389
營業時間：08:00-18:00

金少爺西餅

地址：宜蘭縣羅東鎮中正南路151號
電話：03-9540301, 9531980
營業時間：08:00-22:00

牛舌餅

么女出生時我正準備辭去報社工作，當我載她們母女從坐月子中心回到家，第一天上班的外傭 Kholifah 迎在門口，陽光照在她臉上堆滿笑意，那笑容像一塊甜餅，透露出愉悅，信任，親切。

家裡忽然多了妹妹，我們都擔憂姊姊心裡不平衡，太太試烤了一袋餅乾給姊姊帶去學校請同學吃，放學後問她，同學們覺得那些餅乾美味嗎？很開心，同學們說：你媽媽烤的麵包好好吃喔。

糕餅多為甜味，本來就常作為表達祝福的禮物。牛舌餅也連接著祝福：昔時初生嬰兒四個月時，父母宴請來訪親友，並例遵古禮將餅穿孔掛於嬰兒胸前，謂之「收涎」，祈祝孩子平安，智慧。其功能類似鹹光餅。

有一天，我買一大桶牛舌餅回家，么女雙雙的乳牙尚未長成，可能口水還流不停，牛舌餅放在餐桌上，大家都可以吃。Kholifah 愛極了那牛舌餅，似乎欲罷不能，兩天就吃光了整大桶，我們完全來不及分食。Kholifah 堪稱么女第一個外國朋友，也是我燒菜時的好助手，每次我進廚房創作，她的眼睛總是像手電筒般亮起來。她的食慾似乎跟我一樣旺盛，兩年工作期滿回印尼時，她胖了二十四公斤。

臺灣牛舌餅分宜蘭、鹿港兩派。宜蘭為薄餅，口感像餅乾；鹿港為厚餅，吃起來介乎麵包與燒餅間。兩者的材料皆以麵粉、砂糖、蜂蜜為主，鹿港牛舌餅形狀稍寬，短，厚，口感酥中帶軟。作法大抵是揉勻麵糰，酥皮包入麥芽糖或其它內餡，再擀成橢圓狀，煎製或烘烤而成。我欣賞的店家包括「明豐珍」、「振味珍」、「玉珍齋」。

宜蘭牛舌餅相對形狀較窄，長，薄，口感脆，硬，無內餡，將揉和了蜂蜜、沙拉油的麵糰桿成長薄形狀，並在表面中心縱劃一刀後烤製；那一刀很要緊，令烘烤時蒸發掉餅內的空氣，以維持外形平整；「宜蘭餅」和「奕順軒」都以生產超薄牛舌餅聞名。美味關鍵在餅皮拉胚和蜂蜜、麵粉比例，將餅皮拉長拉薄，成品輕薄如紙，透光，酥脆易碎，帶著哲學思維。

人間好物都不免，像彩雲琉璃般易碎，我們常在破碎的夢想中繼續面對現實，意味深長的破碎感。

鹿港牛舌餅開發的時間晚於宜蘭，大約一九七〇前後才出現。宜蘭牛舌餅之出現也不會太早，若吾人同意是韓阿輝老師傅的創意發想，他再傳授給「老元香」，估計是二十世紀二〇年代以後的事。可惜牛舌餅利潤微薄，近年來經營者逐漸減少。

經營者減少，口味卻多元化。宜蘭牛舌餅本來是蜂蜜、牛奶、芝麻三種基本口味，現在則眾味紛陳，諸如：花生、山藥、芋頭、黑糖、黑胡椒、金棗、草莓、椰子、椒鹽、綠茶、海苔、鹹酥、三星蔥、乳酪、楓糖、椰香、紅麴、竹炭、咖啡、香椿、海苔等等，非常熱鬧。

幾乎鹿港所有的糕餅店都賣有牛舌餅，都現擀現烤，寬厚紮實，有飽足感，就連以肉包聞名的「振味珍」也有美味的牛舌餅。秀水鄉馬興社區在鹿港牛舌餅的基礎上開發出「馬舌餅」和「馬蹄餅」，創造利潤回饋為老人服務，和兒童福利金。我帶隊在彰化「蹲點」調查餐飲時，深深感動於這個令人尊敬的社區。

我們全家都愛吃餅，若每天下午茶有牛舌餅相伴，是怎樣了不得的境界？它在甜點中看起來很不起眼，土裡土氣的外貌，毫無裝飾，也從來不造作。

牛舌餅的甜很含蓄。生命為了我們享受它，給予了一種最淺顯的甜味；生存的喜悅，在我咀嚼微甜的牛舌餅時。如果泡一壺茶，或咖啡，就更深刻了。我能想像雲霧繚繞的山區，熱帶的莊園，金黃的麥穗，都經過烘焙，這些美好的事物同時呈現在眼前。

東南蜜餞舖

地址：宜蘭市城隍街90號
電話：03-9323363
營業時間：09:00-21:00（假日下午不營業）

正老元香牛舌餅

地址：宜蘭縣宜蘭市和睦路77號
電話：03-9325855
營業時間：10:00-22:00

宜蘭餅

地址：宜蘭縣羅東鎮純精路二段130號
電話：03-9549881
營業時間：08:00-22:00

奕順軒

地址：宜蘭縣宜蘭市神農路二段17號
電話：03-9334535~7
營業時間：09:30-22:00

華興名產

地址：宜蘭縣宜蘭市中山路三段112號
電話：03-9322935
營業時間：09:00-21:00

明豐珍

地址：彰化縣鹿港鎮海浴路 843號
電話：04-7742197
營業時間：09:30-14:30（09:00 開始發放號碼牌，發完即止），週日店休

振味珍

地址：彰化縣鹿港鎮中山路71號
電話：04-7772754
營業時間：09:00-19:00

玉珍齋

地址：彰化縣鹿港鎮民族路 168號
電話：04-7773672
營業時間：08:00-22:00

柿餅

在羽田機場候機時被櫥窗內的柿餅吸引，色澤豔麗，每一個柿餅都明顯投注了農戶的真心，謹慎使用農藥，溫差管理得徹底。我知道它們來的地方，山坡，狂風，豔陽。

想念新竹柿餅，尤其新埔、北埔、峨嵋所產的石柿餅，果肉細緻，多纖維，富韌性。臺灣柿子引自大陸閩粵，栽培已三百多年，主要品種如牛心柿、四周柿、石柿，均屬澀柿。八〇年代陸續引進日本品種「富有」、「次郎」、「花御所」等，則屬完全甜柿品種，果實成熟時在樹上自然脫澀，採收後可立即食用，纖維少，只適合當脆柿。

秋風又吹熟了柿子。新竹之所以叫「風城」，乃是三面環山，地形呈畚箕狀開啟，臨海的一面成了東北季風的風口，秋冬之際，季風進入此一隘口，易產生類似「氣旋」的輻合效應，即風勢受地形約束而增強。強風吹襲時，偶見路上行人、機車被吹得東倒西歪；不僅稻穗摧折受損，漁船也無法出港作業。《臺灣府志．風土志》：「九月則北風初烈，或至連月，俗稱為九降風」。九降風意謂農曆九月霜降之後吹襲的勁風，威力相當於輕度颱風，風速每秒可達二十公尺。

然則禍之福所倚，新竹製作柿餅和米粉都靠九降風幫忙，這種乾冷的東北季風溼度低，吹襲時巧遇柿子成熟期。彷彿巨型的天然烘乾機，和日光聯手進行除濕，脫澀，加工柿子成柿餅，打造了新埔鎮與北埔鄉特有的柿餅產業，尤集中於地勢高又乾燥少雨的旱坑里。

新埔是臺灣柿餅的家鄉，也是吳濁流的家鄉，他在《臺灣連翹》描述家門前是水田，越過門後的竹叢，是廣濶的果樹園，園裡有柿子、李子、橘子、柚子、茶，到了秋天，便可看到烏秋停在水牛的背上，白頭翁啄食紅熟的柿子。吳濁流童年時，家鄉的柿餅加工業應該尚未發達，在風景如畫的客家庄，大家還是鮮吃脆柿。

客家人擅貯存食物，醃漬，風乾，曝曬，秋冬之際，狂烈的九降風催熟了柿子。臺灣原生柿口感硬而澀，並不好吃，客家人採收後進行加工，傳統製程是先脫澀：修蒂去萼，削皮；將削皮的柿子置於竹篩上，經重複日曬、風吹、烘烤、捏壓，整形，逐漸去除澀味及水分，美化果肉質地，過程約需一星期。捏壓是為了催熟，以手指轉動擠壓果肉，進一步催乾果肉的水分，以利糖分轉化；另一方面也藉以整形。客家人普遍用柿乾煮雞湯，或作沙拉，晚近更藉以開發冰品。

新竹柿餅絕大部分來自新埔，在旱坑里，到處可見家廟、宗祠、古厝，密度甚高，知名者如「味衛佳觀光果園」、「金漢柿餅教育園區」及北埔「姜太公柿餅」每年產季都吸引了許多遊客。旱坑里的柿餅業已歷百餘年，糖化、曝曬、風乾技巧皆十分講究，加上天然環境良好，造就了風味成熟的新埔柿餅。柿餅業者多為農家，產季時家家戶戶的埕前，籮筐上擺滿了正在日光浴的金黃色柿子，似乎連空氣都鍍了金。

臺灣生產的柿子以石柿最適合製作柿餅，其次是四周柿及牛心柿。石柿餅甜度較高，果實較小且中間內凹，早期新埔用石柿製餅，纖維較細緻，加工困難度高；後來掌握了牛心柿的加工要領，柿餅逐漸以牛心柿為主；所製柿餅較大顆，賣相佳。牛心柿果實渾圓飽滿，無縱溝，果頂稍尖，是栽培面積最廣的本地種，屬「完全澀柿」，一般用石灰水浸泡脫澀，俗稱「浸柿」、「水柿」。四周柿亦屬完全澀柿，果形扁平，有4條明顯縱溝，催熟軟化後果皮呈深紅色，俗稱「軟柿」，產量僅次於牛心柿。至於近年來出現的筆柿餅，彈勁佳，有特殊蜜香，產季比石柿、牛心柿晚，通常要到十二月初才開始加工。

大部分的柿餅工廠已採用機械化烘烤除濕，柿餅若繼續日曬、烘烤，葡萄糖與果糖會慢慢釋出，凝結成白色的粉狀結晶物佈滿柿餅的表面，稱之為柿霜餅。柿霜餅表面的白色結晶糖分，經人工刮刷、振盪取得，乃為「柿霜」，是珍貴的中藥材。當地也有人據以煮成柿霜咖啡。

柿子含大量維生素C與多酚。從前日本有句俗話：「柿子紅了，醫生的臉就綠了」。《食療本草》說它「補虛勞不足」；《隨息居飲食譜》記載：「鮮柿，甘寒養肺胃之陰，宜於火燥津枯之體。以大而核，熟透不澀者良」。不過須注意，柿子含強收斂性鞣質，吃多了會刺激腸壁收縮，致大便乾燥。醫書也提醒我們：不要空腹吃柿子，也不要和螃蟹一起吃。柿子性寒質滑，脾胃虛寒、泄瀉、痰濕內盛、外感咳嗽、胃寒嘔吐、瘧疾者，及女子產後、經期間忌食。糖尿病患者也要少吃。

被風擁抱過的青綠色果園，像滿山忽然就點燃了燈泡，黃燦燦在枝頭上，把遍野的空氣都染黃了。柿子在九降風下收拾起苦澀，讓日頭散發的熱力，溫暖，轉化為甘甜。那甘甜，源自苦澀。

水果多不耐久存，柿子更是，正如宋．孔平仲所感歎：「圓熟當高秋，且以悅一時，長久豈暇謀，咄哉潰爛速，棄擲將誰尤」。柿餅延長了柿子的生命，是理想的茶點，反覆咀嚼，回味它原來的澀口，智慧般，已內斂熟成為甜味，訴說珍惜。雖然紅顏不再，過往的歲月彷彿猶珍藏著陽光。陽光太平常，平常得我們忽略了它的美好。

那是一種特殊的甜味，帶著濃郁的柿香，咬一口，閉起眼睛品嚐，模樣像祈禱。當舌尖接觸它，像接觸柔軟的蓓蕾，吻起一些故事：經歷了那麼多風霜，在風霜中成熟，甜美了，復被陽光曬得更有風韻。

味衛佳觀光果園
地址：新竹縣新埔鎮旱坑路一段283巷53號
電話：03-5892352, 0911-242693, 0910-269180
營業時間：08:00-21:00

金漢柿餅教育園區
地址：新竹縣新埔鎮旱坑路一段501號
電話：03-5892680, 03-5883119
營業時間：08:00-17:00

姜太公柿餅
地址：新竹縣北埔鄉廟前街24號
電話：0954-079958
營業時間：08:00-18:00

燒酒螺

共同撐傘沿淡水河邊走向左岸公園，細雨落不停，我右手搭她的肩緩步行走，招潮蟹出沒的泥灘，沿岸停泊的漁舟，紅樹林，渡輪，對岸淡水的樓影，大屯山。面向河岸鷺鷥幾棟別墅，令我連想義大利蘇蓮多海岸美景，希望將來退休後定居在這種地方，專心讀書，靜謐，離海鮮又近。「我不像你那麼愛吃海鮮。」

街角買一包燒酒螺，邊吃邊走。一包燒酒螺很快就吃完了，繼續雨中行路，過了八里渡船頭，老榕樹，走進「芭達桑原住民主題餐廳」吃晚飯，那晚，初次嚐到「情人的眼淚」，一種大雨後出現的藍綠藻；這菜名後來，母題般，常浮現我腦海。

上次一起吃燒酒螺是在十八王公廟，和她同遊北海岸。相傳清朝中葉，有十七位唐山商人，在乘船進香途中遭遇海難，屍體飄流到石門沿岸，僅一隻狗存活，最後也以身殉主，當地居民將這隻忠狗與十七人合建一塚，名為十八王公廟，此後不斷傳出十八王公顯靈的故事。聽說這裡越夜越火旺，許多特種行業者歡喜來這裡拜拜。廟內香火甚旺，有銅鑄的忠犬神像，大家都去摸一下。我們在廟前「張家肉粽燒酒螺」買一包燒酒螺，望海吸食。

又有一次獨自旅行到此，也買了燒酒螺。當時猶在報社上班，被新來的主管架空，每天在敵意的包圍中無事可做，思維總是糾纏著人事傾軋；她體恤我不快樂，鼓勵我出去走走。手中拿著燒酒螺長立海邊，覺得它是一種浪跡天涯的小吃。海螺產於海邊，這種零嘴也適合在海邊吃，表現清楚的休閒性和娛樂性。對著遼闊的大海走路，想一些辦公室的事，忽覺那些不快樂的事都跟手中的燒酒螺一樣小，小小的職位，滑稽的心機和權謀，實在不值得計較。

燒酒螺在臺灣已發展兩三百年，原是海口小孩的零嘴、大人的下酒菜；從前討海人生活普遍貧窮，揀拾海螺往往是漁村的副業，除了小部份留下來自已吃，大多賣給店家製作燒酒螺。寒風中出海捕魚常喝酒暖身，物質缺乏，遂煮海螺下酒，因而得名。

它的體形小，寶塔狀外殼多為灰黑色條紋，臺灣人又叫它「鐵釘螺仔」，學名「疣海螺」，屬海蜷科，多分布於海岸的河口泥灘，以泥灘的有機質、海藻碎屑為食。

從前販者多用單車，後座置一竹簍裝燒酒螺，上覆棉布，沿街兜售。有人購買，掀開棉布，將紙捲成甜筒狀，舀入燒酒螺，杓子攪動燒酒螺的聲音清脆，香氣逼人。現在是夜市常見的零食，商家多細分為不辣、微辣、小辣、中辣、大辣、麻辣幾種。

製作燒酒螺包含煮、炒兩道工序，先逐個切除尾端，清洗潔淨，再浸泡鹽水，煮熟；剪除尾端是為了浸透醃料，並方便吸食。接著加辣椒、大蒜、沙茶醬、醬油、米酒、鹽、糖、醋、麻油、九層塔多種配料烹炒。燒酒螺口味甚重，因而被視為下酒佳餚；其實螺肉寡味，風味之生成主賴配料。這些配料的結合是那麼美滿。

海螺必須處理乾淨，然則處理起來費時耗力，不免令人心生疑慮。北關「王家燒酒螺」、梧棲漁港假日魚市內「阿姿燒酒螺」都用機器清洗，相對重視衛生；阿姿強調經過二次高溫殺菌及一次低溫殺菌，其風螺、九層螺風味亦佳。

有人用牙籤挑食螺肉，我總覺得三八。用嘴吸吮才正經——食指和拇指拿著螺，嘴對螺口，以接吻般的激情將螺肉和醬汁一起吸入；若一時吸不出來，反過來從尾巴吸一下，鬆動螺肉，再回頭吸，輕易可得。那是很多臺灣人的集體經驗，其吸食動作，庶幾接近吸吮母奶。

燒酒螺個頭小，螺肉的體積又遠小於殼，吸食常覺得不足，那種不足感彷彿一種提醒，努力愛春華的提醒。

新婚不久，應邀去南鯤鯓文藝營演講，我偕妻順便回高雄。駕車南下，尋到南鯤鯓代天府已深夜，一些學員和講師聚在樓頂平臺上飲酒聊天。我打過招呼即回房睡覺，下樓前聽見略帶不屑的女聲：「真不上道！來這裡還帶老婆。」翌晨講完課，見代天府前不少燒酒螺攤位，買了一袋上車，夫妻倆吸吮回高雄。結婚二十七年，我好像一直帶著老婆。可能真的很不上道。

如今追憶，多希望八里那條吸食燒酒螺的河濱步道，能一直走下去。

石獅仔下吳記燒酒螺
地址：臺南市北門區南鯤鯓代天府石獅仔下
電話：06-7863307, 06-7865053
營業時間：平日09:30-18:00
假日08:00-19:00賣完為止，可事先電話確認

阿姿燒酒螺
地址：臺中市清水區北堤路30號（臺中觀光漁市）
電話：04-26569475, 0923-453232
營業時間：09:00-20:00

王家燒酒螺
地址：宜蘭縣頭城鎮北關風景區9號攤位
電話：03-9781887, 0918519228
營業時間：08:00-17:30

彈珠汽水

寄養在大姨家那幾年，常去隔鄰的高雄中學玩，在操場旁灌蟋蟀，玩彈珠、尪仔標，直到外祖父來。外祖父每天騎腳踏車來旅館收集餿水，回古厝養豬，他離去的時候，總是給外孫們零錢買枝仔冰，或彈珠汽水。彈珠汽水的包裝方式很特殊，略呈葫蘆形的綠色玻璃瓶，以一粒彈珠塞住瓶頸，構造成另類瓶蓋，防止汽水外漏。老式雜貨店都提供一種香菇狀開瓶器，掛在雜貨店門口，飲用前先用以壓下彈珠，隨著輕微低沈的氣爆聲，香味噴泉般湧出。

喝汽水時彈珠就在玻璃瓶內滾動，音響助長香氣。我深信，瓶內那粒彈珠是彈珠王，能在彈珠遊戲中統領江湖。那顆彈珠在瓶內滾來滾去，身陷迷宮般，有一種無路可出的悲劇英雄感；然則我始終捨不得敲破玻璃瓶，取出彈珠。

彈珠汽水是英國人所發明的檸檬水（lemonade），幕府末期傳入日本。聽說二戰期間深受日本海軍歡迎，軍艦上甚至有生產彈珠汽水的設備。流行至今，日本仍可見彈珠汽水，我在淺草寺外面看到有人在賣「ラムネ」。

日本殖民臺灣五十年，許多日語單詞遂內化為臺灣人的日常用語。檸檬水引進日本後，日本英語唸成レモンネード（ramunedo），臺灣人一直也沿用日本英語喚這種彈珠汽水為「那沐內」（ラムネ）。

「那沐內」是我的童年鄉愁，我喝的是本土那沐內，「榮泉」汽水。榮泉發跡於高雄市鹽埕區，我出生的區域。起初賣冬瓜茶、冰棒，後來第一代老闆薛朝福得自「黑松汽水」老師傅傳授配方：純糖、碳酸水、調味料，才開始販售彈珠汽水，原創香蕉口味。那是臺灣最早的本土那沐內品牌。當時流行一首歌〈鹽埕區長〉，曲用牛馬調民謠，描述政壇名人郭萬枝流連酒家，其中頗有隱喻酒客、酒女床笫情事。這是我接觸的第一部情色作品。

童年的那沐內並非隨時就能喝得上，我未曾邊灌蟋蟀、玩尪仔標，邊喝彈珠汽水，在我貧窮的童年，必定是停止其它活動，謹慎享受的飲品；它並不廉價，通常是以獎賞的形式出現。那沐內，它陪伴我成長，以冰涼強勁的香氣沐浴五臟六腑。

有一次去大貝湖遠足，在富國島的涼亭休息時就喝到一瓶彈珠汽水，島上有一碑：「清風吹得遊人醉，莫把斯湖當西湖」。級任老師解釋說，大貝湖固然美，但西湖更美，將來反攻大陸你們就知道了。

夏日陽光熾烈在湖面上，波光閃動著彈珠汽水般的色澤。那沐內喜滋滋冒著芳香氣泡。

所有碳酸飲料皆帶著娛樂性。壓下瓶口的彈珠，「啵」一響，二氧化碳帶著芳香味噴出，暢快無比的汽水落喉，舌尖剛領受麻冽的氣泡，胃裡立刻打了大嗝。那聲音提醒了汽水的氣味。我猜想，俚語「美得冒泡」若非形容螃蟹的美貌，大概出自彈珠汽水。

現在的彈珠汽水瓶多用塑膠材質，可以旋開，裡面有一條橡膠圈，作為瓶塞以套住彈珠。我對塑膠瓶彈珠汽水殊乏感情，總覺得用吸管喝汽水也很不上道。許多人喝彈珠汽水相當受挫，因為仰飲時，彈珠又會卡住瓶口。最簡單的解決方法是用吸管喝；高段的飲者用舌尖頂住彈珠暢飲。玻璃彈珠並成為兒童間很普遍的收藏品。

其實那顆彈珠有節制汽水流量的功能，炎炎夏日，冰涼的汽水灌得太快，不免傷身。當我們仰頭喝汽水，沈落瓶底的彈珠又回到瓶口，制約流量，免得嗆到。

彈珠汽水產業大約一九七〇年代起每況愈下，甚至「冬天沒收入，都是先跟人家借錢，到了夏天賺了錢再還人家。」如今生產彈珠汽水者寥寥可數，苗栗銅鑼鄉的汽水工廠轉型為觀光工廠，應該可行。

我曾參觀美國可口可樂博物館，放映發展史紀錄片，陳列各式自動販賣機，可樂噴泉，無限暢飲各種口味的可樂。可口可樂一八八六年才發明，卻能即時回應市場需求，永遠體貼顧客，隨時注意市場變化，迅速調整方向。

臺灣的產業多喜歡依賴懷舊，販賣懷舊。其實沒有人一天到晚在懷舊，我們可能隔了很久才偶然懷舊一下。彈珠汽水確實沒落了，它是我童年的渴望，然則它為何不能繼續召喚我的渴望？

它也缺少定位。可口可樂公司剛推出雪碧汽水時，沒有任何戰略或定位，只廣告：「這是雪碧，清澈的檸檬飲料」。消費者毫不關心它是不是檸檬飲料，市場毫無起色。直到重新定位它是一種理念飲料：「跟著感覺走，服從你的渴望」，帶著反傳統、我行我素的個性，品牌從而快速成長。七喜汽水也是靠無咖啡因、無防腐劑打贏了飲料戰役。

彈珠汽水必須因應時代變化，重塑形象，強化新定位。為何不能像可口可樂那樣行銷天下？在墨西哥，可口可樂是午餐的一部分，它常跟其它食物一起販售，大家已經被灌輸了消費意識：沒有可口可樂的午餐是不完整的。

榮泉汽水工廠

地址：高雄市三民區中華三路322號

電話：07-2858101, 2858102

大埔內彈珠汽水觀光工廠

地址：苗栗縣銅鑼鄉民生路11號

預約電話：037-984678

開放時間：10:00-12:00, 14:00-16:00

永和豆漿

大學時主編詩刊、系刊、演出特刊，經常往永和豫溪街的印刷廠跑，廠址近中正橋，有時夜深了，乃在橋頭喝豆漿，吃燒餅油條，那裡就是永和豆漿的發源地。「永和豆漿」只是一種商標的泛稱，當時同在在中正橋頭的有「世界」、「四海」、「永和」三家豆漿店聚集，現在只世界豆漿大王還在原址營業。

臺灣經濟蓬勃發展那時期，生活是越夜越美麗，吃宵夜的人比吃早餐還多。世界豆漿大王自一九七五年起二十四小時營業，全盛時期附近聚集了十多家門庭若市的豆漿店，使中正橋頭的夜晚比白天更熱鬧。

永和豆漿之興旺還連接著中華少棒隊揚威美國，中華民族屈辱了幾百年，實力超強的少棒隊員不像在遊戲，儼然承擔了民族復興使命，每年在威廉波特的世界大賽中打得歐美球員淚眼汪汪。看完棒球賽實況轉播已近拂曉，慶功般，人們放完鞭炮，過橋去永和喝豆漿吃燒餅油條。那豆漿之味，口沫橫飛著剛才比賽的細節，和臺灣小孩球場上的英姿。

一九四九年前後，一百多萬外省族群移居臺灣，他們喝豆漿吃燒餅油條的早餐習慣，影響了全臺灣。

然則豆漿成為名產卻開始於永和。豆漿冠以永和地名，原意只是過橋到永和喝豆漿，不料竟成為臺灣豆漿的符碼。一九五五年，兩個北方來的老兵李雲增、王俊傑在永和中正橋頭搭起小棚營生，磨豆漿，烙燒餅，炸油條，立號「東海豆漿店」；漸漸聚集了許多早餐攤舖，形成出名的早餐市集。中正橋拓寬後，東海豆漿店易為今名「世界豆漿大王」；超過半世紀來，它成為永和的文化標誌。

誰也想不到，中正橋頭這些豆漿攤舖後來會馳名天下，是一個小夥計註冊了「永和豆漿」商標，他在臺北自己開了家豆漿舖，不久就覺得生意艱難，便將小舖和商標一起賣給林炳生。往後三十年，林炳生彷彿黃豆的魔笛手，把永和豆漿吹得風起雲湧，讓它成為一種品牌，進入全自動生產，銷往麵包店、學校、超市，並成就大規模的中式快餐行業，目前兩岸門市已超過五百家。

豆漿不加任何調料稱「白漿」或「清漿」，加糖為「甜漿」，加醋、加鹽、醬油、醬菜等調料就變成「鹹漿」。豆漿之美在濃在純在香，原料好是首要條件；其次是浸泡黃豆，須準確拿捏水溫，掌握時間。優質豆漿有豆香味，劣質豆漿則是豆腥味。因尹清楓命案而聞名的「來來豆漿店」豆漿就相當濃純，豆香中透露焦香，鹹漿尤具風味；蛋餅是手工厚餅皮，蔥量迷人，蘸店家自製蒜泥醬更好吃。

一天清晨在「阜杭豆漿店」門口碰到徐善可、宋文琪伉儷吃飽了正要回家，不期而遇好朋友，覺得那天早晨的陽光特別燦爛。阜杭的豆漿濃醇，其鹹豆漿加了油條和香菜，相當滑順；特製厚燒餅麵香飽實，表皮脆而嚼感溫柔。另一家我愛吃的厚燒餅是捷運麟光站旁「和記豆漿店」，該店燒餅、鹹酥餅飽滿了麥香、芝麻香、碳燒香、蔥香，和輕微的焦香，彼此闡揚。

喝豆漿常搭配燒餅、油條和蛋餅。金門「和記油條店」的油條外酥內軟，紮實，乃用老麵發酵製作；雖然利潤微薄，卻誠懇治事，其油條感動人心，論色澤，論風韻，論衛生，放眼全臺竟無出其右。大清早，油鍋裡的炸油猶堪稱清澈，店家已整鍋倒掉，換上新油。我猜想附近「科記」廣東粥之所以迷人，有一半原因在其油條，是老闆跑到和記買的。

我數度夜宿成大招待所，清晨散步到「勝利早點」喝豆漿，例必點食蔥餅和蛋餅，那蛋餅厚實軟嫩，口感獨特；「山東蔥餅」內餡的蔥量飽滿欲露，吃起來很痛快。羅東「崔記早點」蛋餅皮亦厚如煎麵餅，桌上另供應有豆豉辣椒，蘸水煎包吃有舒暢感；清晨就能有噴香的辣椒醬吃上口，一整天都開心。更可貴的是，崔記是現磨豆漿，香濃，略帶焦味，鹹豆漿自然也可口。如今已不容易喝到現磨的豆漿了，為追求快速、最大化，不僅最具規模的「永和豆漿」以豆漿粉沖泡，一般小店亦然。

我通常在家自製豆漿：黃豆浸泡一夜，加水用果汁機磨碎，以紗布濾去豆渣，再將生豆漿煮沸。喝完豆漿去工作室讀書，編書。多少年後當我意識到大半生從事編輯工作，深知它是非常繁瑣，廣闊而嚴肅的專業，值得用一輩子去學習。

一杯豆漿改變了臺灣人早晨和宵夜的餐桌，映射出一個時代的經濟發展，也投射了中華民族的尊嚴。誰也想不到，兩個退伍老兵竟影響了全球華人的豆漿市場。臺灣如果沒有永和豆漿，就宛如生活中不曾出現楊麗花、鄧麗君，文化將顯得多麼貧困。

阜杭豆漿
地址：臺北市忠孝東路一段108號2樓之28（華山市場），捷運善導寺站5號出口
電話：02-23922175, 23924053
營業時間：05:30-12:30，每月第二、四週的週一店休

和記豆漿店
地址：臺北市和平東路三段463巷2之2號
電話：02-27335473
營業時間：06:30-10:00

世界豆漿大王
地址：新北市永和區永和路二段284號
電話：02-89270000
營業時間：24小時，除夕~年初四休息

來來豆漿店
地址：臺北市內湖路一段93號
電話：02-27979253
營業時間：24hr

勝利早點
地址：臺南市勝利路119號
電話：06-2386043
營業時間：17:00-10:30

崔記早點
地址：宜蘭縣羅東鎮公正路48號
電話：03-9544481, 9562696
營業時間：04:00-13:00

和記油條店
地址：金門縣金城鎮菜市場路46號
電話：0911-671579, 082-320609
營業時間：06:00至售完為止（約10:00）

木瓜牛奶

站在踏板上，以體重協助腿使力，緩慢地上坡，過橋，屏住呼吸穿過前鎮工業區排放的彩色煙霧。我知道那五彩煙霧是有毒廢氣。這輛腳踏車似乎殘疾了，踏起來特別吃力。就當練腳力吧。這段爬坡是必經之路，我已無可退卻，只能拚命向前。

大專聯考又落榜，我找了一份送報伕工作，每天清晨騎腳踏車從九如路騎到三多路加工出口區旁派報，再挨家挨戶送報，從三多路出發，經過四維路、五福路、六合路、七賢路、八德路，收工回到九如路。收報費的日子則一天來回兩趟，也許在烈日下，也許忽然遭遇一場暴雨，上衣總是濕透的。騎單車送報總不免憂傷怨尤，我那麼愛讀書卻無學校可收容；再考不上大學就得去服兵役，退役後呢？繼續送報？考試過一生？

我好像在作最後掙扎，無助，憤懣，每天送報回來攤平教科書不到一分鐘就甩開，彷彿那些文字、符號都會令人智障。我自知完全無法再面對考試，似乎，註定了前途茫茫。

送報到四維路，已經十分口渴，我習慣在高雄師範學院旁的冰果室喝木瓜牛奶，像意志的加油站，又元氣充沛地上路。大專聯考國文科的作文題目一直迴旋在腦海裡翻攪：曾文正公曰「風俗之厚薄，繫乎一二人心之所嚮」試申其意。荀子曰「吾嘗終日而思矣，不如須臾之所學也」試申論之。言必先信，行必中正說。我不能放棄，無論如何勞其筋骨也要上大學。

一日近午時分，我快步奔上四樓送報，下樓乍遇一個凶惡的中年男子揮棍相向，邊打邊罵我搶了他的送報地盤；很懊惱當時習柔道、跆拳不精，挨了那麼多棍才踢中他要害。在街頭打了一架，是五福路上一杯透涼的木瓜牛奶，才冷靜了澎湃的怒火。

木瓜牛奶普遍為臺灣人的飲料，商店皆售有工廠生產的盒裝品，城鄉的冰果店則喝現打的，好味道諸如花蓮「木瓜牛奶總店」、霧峰「木瓜牛乳大王」、高雄「牛乳大王」等等，奇怪的是大家都歡喜標榜大王，殊不知此物帶著女性氣質，奶泡的柔滑，木瓜的甜美，和兩者結合之後的香，濃，醇，綿，透露新鮮氣息，在在令人迷戀。雖則製作簡單，店家仍努力開拓各種可能，像「彰化木瓜牛奶」不僅木瓜牛奶贊，布丁也美；屏東「清福號牛乳大王」的木瓜牛奶加雞蛋；也有人加入些許起司粉來變化風味。

一輛攤車就可以賣木瓜牛奶，營業門檻低，移動便利，可複製性高，臺灣夜市幾乎都有它的身影，我體驗過的佳作包括：羅東夜市「品味茶飲鮮果汁」，寧夏夜市「童年木瓜牛奶」，三合夜市「正老店木瓜牛奶」，中壢夜市「欣鮮喝木瓜牛奶」，中華路夜市「陳記正老牌木瓜牛乳大王」，逢甲夜市「北回木瓜牛奶」，光華夜市「光華木瓜牛奶大王」，六合夜市「鄭老牌木瓜牛奶」……其中以「北回」最具規模，到處可見連鎖店。

美味的關鍵在食材，必須用鮮奶，絕不可以奶精取代，並選用優質木瓜；各種材料的比例拿捏也影響口感。市售木瓜牛奶除了兩種主料，都會添加砂糖或煉乳、水、冰。木瓜進果汁機攪拌時需加碎冰，一方面有助風味，二方面降溫；因果汁機快速運轉時會升溫，不免破壞了水果的口感和維生素。

當牛奶遇見水果，往往能融合出美味，諸如西瓜牛奶、草莓牛奶、芒果牛奶、香蕉牛奶、酪梨牛奶、水蜜桃牛奶等等，可沒有任何水果能像木瓜邂逅牛奶般適配。木瓜、牛奶都美味，兩者在一起是恩愛的結合，濃情蜜意般，有相乘的效果。

它的味道鮮活了空氣，芳香從果汁機的翻攪聲中傳揚。新鮮的東西易變質，現打的木瓜牛奶須儘快喝完，否則會釋出苦味。彷彿帶著珍惜青春時光的象徵。

我不會像想念木瓜牛奶那樣想念青春歲月，青春固然美好，卻不免太衝撞，叛逆，火爆，憂鬱，成長的路程太曲折，太多考試來攪擾。

花蓮木瓜牛奶
地址：花蓮市南京街346號
電話：03-8339095
營業時間：12:30-23:00

陳家牛乳大王
地址：臺中市中華路一段121號前
（中華路夜市）
電話：04-2221-3421
營業時間：19:00-02:00

彰化木瓜牛乳大王
地址：彰化市中華路37號
電話：04-7249840
營業時間：11:00-22:00

霧峰木瓜牛乳大王
地址：臺中市霧峰區民主街26號
電話：04-23302899
營業時間：07:30-21:00

高雄牛乳大王
地址：高雄市前金區中華三路65-5號
電話：07-2823636
營業時間：24hr

光華木瓜牛奶大王
地址：高雄市苓雅區光華二路402號
電話：07-7160469
營業時間：09:00-02:00

芒果牛奶冰

踩著破腳踏車送報，艱辛，吃力，想到同學、女友都在臺北讀大學，常有一種英雄末路的悲愴感。我明白不久就得入伍服兵役，兩年或三年後退役回來，他們都大學畢業了。我向來不缺乏幹勁和抱負，為何就不能暫時忍耐教科書呢？如今深陷困境，無路可出。憤懣與日俱烈，似乎比頭頂的烈日更烈。

累乏了，我進入高雄師範學院旁的書店，用當月的工資買了一套《資治通鑑》，又在隔壁冰果室吃水果剉冰；那時候單一芒果入冰尚未出現，後來我想，否則我的送報生涯肯定比較不憂傷。

芒果牛奶冰是晚近流行於臺灣的刨冰，冰的形式大抵是剉碎冰或刨製雪花冰為底，上覆新鮮芒果肉，和煉乳、芒果冰淇淋。雪花冰口感綿細，多用芒果汁製成圓柱冰磚。

臺灣那麼多好水果，為什麼偏偏是芒果？當草莓遇上冰，也能結合無間；臺灣人冬春之際吃草莓冰，夏天吃芒果冰。芒果與冰更是天生絕配，兩者共譜夏日戀曲，讓人們發現了生活的美麗。我中年以後從來不為炎夏鬱悶，因為有芒果牛奶冰之故。它為炎熱的季節而存在。

臺北最有名的芒果牛奶冰是永康街的「冰館」，乃羅駿樺夫妻在一九九五年創立，他們用不同品種芒果做成芒果牛奶冰，創造臺灣芒果冰傳奇，從而將芒果冰推上國際舞臺，成為「臺灣觀光美食」，一個假日可以湧入三千人次以上的顧客。市場上的成功吸引了眾多仿效者，帶動更多冰果室、豆花店、湯圓店也開始努力賣芒果冰。

羅駿樺的創業故事被拍成二十集電視劇《流漂子》，我曾去永康街拜訪這個最會賣芒果冰的男人，談妥出版一本他的奮鬥故事，不料過幾天傳出他們夫妻情變，衍生錢財糾紛，冰館忽然就歇業了。兩年後，他重現江湖，在「Ice Monster」擔任首席顧問，設計更多元的冰品，其中「超級芒果冰」新增了芒果冰砂 Sorbet 和奶酪，冰沙內另添加芒果乾，價錢調高為一百八十元。此外，吃冰的餐具器皿和空間氛圍都帶著時尚感；這是正確的。許多戀人選擇在外國品牌冰淇淋店約會，為何本土冰品就只能揮汗在鬧哄哄的環境中吃？

若無優雅的約會環境，在臺北吃芒果冰很值得自卑。南部人大概無法忍受臺北的芒果冰，貴，小器。臺北的芒果牛奶冰擅包裝行銷，如芒果就切得小塊，盡量盤飾在表面；南部則切大塊，有一種憨厚實在的表情，一盤的份量相當於一張臉，美麗的臉龐。

臺北房租那麼貴，食物哩程又較遠，也的確需要源源不絕的創意和行銷。然則創意並非天馬行空地亂搞。臺南「泰成水果店」添加了一個布丁，味道尚不致扞格；至於有些店家在芒果冰上灑彩色巧克力絲或棉花軟糖，則過於搔首弄姿。

芒果牛奶冰以愛文芒果為主角。臺灣一九六〇年代才開始種植愛文，一九九二年玉井老街出現第一碗芒果冰。玉井位於阿里山山脈南段分支，好山好水盛產好芒果，可謂臺灣芒果的故鄉，在盛產期，玉井青果市場堆滿一簍簍美味又便宜的芒果，週遭的小販叫賣著芒果冰，空氣中瀰漫著芒果氣味。玉井的芒果冰密度最高，也最動人心弦。連玉井農會也設有芒果冰店，物美價廉，滿盤新鮮芒果肉，魅力無窮。

臺南芒果冰的特色是除了芒果冰沙、不同品種的新鮮芒果，通常有兩球芒果冰淇淋，冰上還有情人果（漬芒果青）；那色澤真美，澄黃的果肉，翠綠的芒果青，雪白的雪花冰，橘黃的冰淇淋，乳色的煉乳，共譜芒果交響。夏天有它就夠了。

玉井才是大啖芒果冰的所在，那裡的芒果冰不像臺北貴氣逼人，非僅價格不到臺北的一半，芒果的份量更有魄力，剉冰上現削了兩顆熟愛文，煉乳，情人果，芒果醬，芒果冰淇淋，一盤足夠兩人分享，彷彿芒果的嘉年華。

「阿月古早味芒果冰」的煉乳供顧客隨意添加。「有間冰舖」裡面的冰沙是自製芒果冰磚剉成，新鮮，自然，無虞人工添加物；其招牌「芒果無雙」像甜蜜的詩，從舌尖贊頌到胃腸。

高明的芒果冰不會只用一種芒果，如「冰鄉豆花冰菓屋」使用愛文、金煌、烏香三種新鮮芒果肉，還附上現打的濃稠芒果原汁，供顧客吃完芒果後淋在剉冰上，變成芒果冰沙，一盤冰兩種吃法。

高雄也不乏好冰。除了六龜是金煌芒果的故鄉，高雄距玉井也近，地利造就了像「品元糖口」這樣的冰店。烈日當空，店外還是排隊的人龍；店內好像什麼冰都有，數十種配料，非常壯觀。我尤其欣賞「芒果爽雪花冰」，南風吹過海洋，吹進了港都的冰店。

每當芒果季節逐漸遠去，都很捨不得。炎炎夏日若無芒果牛奶冰，將多麼頹廢。它是令人為之瘋狂的食物，那消魂的滋味，冰觸舌尖，胸臆即充滿一種溫柔，在心中縈繞不去，我每年季春就開始期待它回來。

阿月古早味芒果冰
地址：臺南市玉井區中正路135號
電話：06-5741798
營業時間：09:00-19:00 週三休（平日）暑假不休

有間冰舖
地址：臺南市玉井區中正路152號
電話：06-5749360, 0912-023327
營業時間：08:00-21:00

愛文鄉冰島
地址：臺南市玉井區豐里里60-19號
電話：06-5749218, 5749206
營業時間：09:00-19:00

冰鄉豆花冰菓屋
地址：臺南市中西區民生路一段160號
電話：06-2234427
營業時間：週一至週六11:30-21:00
週日11:30-17:00

品元糖口冷飲工坊
地址：高雄市左營區裕誠路157號
電話：07-5562748
營業時間：12:00-22:30

Ice Monster
地址：臺北市忠孝東路四段297號
電話：02-87713263
營業時間：10:30-23:30（過年休息）

燒仙草

巴拉圭建國兩百週年，我應邀去朗誦詩。冬天，桃園機場貴賓室供應有燒仙草，好像提醒遊子要記得家鄉的味道，給遠行的人溫暖。那是一趟遙遠的行程，必須在四個城市轉機——去程還算順利，僅費四十二小時；返程從巴西聖保羅飛邁阿密的班機延誤，行程增加到五十七小時。自炎夏的南半球到寒冬的北半球，我抵達洛杉磯時已午夜，走出空蕩蕩的機場尋找過境旅館，身上僅穿著短衫，行李不知流落何方？忽覺很需要一杯臺灣的燒仙草。

新婚時賃居在蟾蜍山下，兩人分別在雜誌社上班，晚上逛夜市偶爾買一杯燒仙草回家分享。如今追憶，滾燙的燒仙草，滾燙著我和秀麗的夫妻緣份。

仙草又稱涼粉草、仙人草、仙草乾、田草、仙草舅、洗草等，這種草本植物高一公尺餘，葉型似薄荷，呈十字放射狀展開，略帶絨毛，葉片具有特殊香氣。主要分佈於新竹縣關西、芎林，苗栗縣銅鑼、三義，和桃園縣新屋鄉，花蓮縣鳳林鄉。

採收上部莖葉後，晾曬成仙草乾。食法大抵有三種：仙草凍，仙草水，燒仙草。仙草凍呈凝膠狀，通常切小塊，加糖水、碎冰吃，乃夏日消暑小吃，臺灣人從小吃到大。仙草水是將仙草煮成稀薄的飲料，流行於南洋。燒仙草更屬臺灣特色，將仙草熬煮得濃稠，佐以多種配料，適合冬天吃。商家也開發出三合一的即溶燒仙草，用熱水沖泡就可以食用。超級市場常見的罐頭製品，呈碎粒塊狀，甚甜，名曰仙草蜜。

由於仙草乾難以煮得濃稠，為求其快速凝結，有人添硼砂，有人加嫩精。其實仙草的膠質豐富，只要添入少許繂粉，即能有效凝結，表現濃稠感，根本無需添加任何化學物。

臺中「新凍嫩仙草」強調用木柴熬煮十二小時，老闆張容豪說，用柴燒，燒後再悶，起初是為了省瓦斯費，未料味道奇佳。為了降低成本，他自種仙草、愛玉等食材。進而發現仙草愈陳，煮起來愈香。因為自行栽種，更能囤積原料。

燒仙草製法是先將仙草乾搓洗乾淨，再熬煮八小時以上，才能熬出仙草中的膠質；過濾後，一般加入少許糖及太白粉，再煮沸後須保溫；冷卻後會凝結成仙草凍。要之，不可胡亂添加化學鹼粉，長時間熬煮才能表現天然而濃郁的風味。

黑美人般，仙草成品黑色，爽滑有彈性，濃稠；略苦，故一般加糖食用。其美學特徵是滑順，清爽，回甘，帶著鄉土氣息。

客家人擅製燒仙草，各家配料略有不同，常見的有大紅豆、小蜜紅豆、綠豆、芋圓、地瓜圓、涼圓、小湯圓等等，最重要的是花生仁，增添香氣也豐富了口感。

關西是臺灣重要的仙草產地，所產仙草香味濃厚，膠質含量高。華人咸信具降火氣、解熱、清血等功能。曬乾後熬煮即成仙草茶；添加番粉使之凝結成仙草凍。以仙草茶為湯底的仙草雞、仙草排骨，可謂客家菜中的異數，其甘香清爽，迥異於重油重鹹的客家料理。

我曾帶著《飲食》雜誌同事赴花壇鄉採訪「烏龍青草店土窯雞餐館」，店內招牌即是仙草雞，店家將過去烘烤青草的土窯用來製作土窯雞，以自家種的珍珠草、咸豐草、鶴靈芝等多種青草和米酒塞入烏骨雞腹，層層包裹塑膠袋、鋁箔紙、報紙、紅土、鐵網，入土窯，用相思木和龍眼木燜烤四小時。烏龍青草店的仙草雞又稱爆炸雞，因為層層密裹的雞在窯內烘烤會產生氣爆，炸開抗菌紙。

秀麗病逝後我的精神有點恍惚，常陷入回憶中難以自拔。恍然領悟，能一起分食一杯燒仙草，是多麼難得的緣份。我們一起逛寧夏夜市嚐「甘記」燒仙草，也吃過中壢「善美燒仙草」。我們多次共食一杯燒仙草，當年還在中國時報工作時，常吃萬華後火車站對面「萬華仙草冰」的燒仙草，裡面配料甚夥，有芋圓、地瓜圓、大紅豆、粉圓、桂圓、薏仁。啊，紅豆，可能是細緻綿密的紅豆湯起了贊美作用；燒仙草裡有了紅豆湯，就像愛情有了眼淚灌溉。聽說花蓮玉里「阿嬤的仙草舖」所製完全不添加色素或凝結劑，兩年前家庭旅行到花蓮，未及帶她品嚐，轉瞬竟是永遠的遺憾了。

萬華仙草冰・燒仙草
地址：臺北市艋舺大道138號
電話：02-23029044
營業時間：10:00-19:00，週日店休（夏季除外）

善美燒仙草
地址：桃園縣中壢市建國路20號
電話：03-2807729
營業時間：11:00-22:30

新凍嫩仙草
地址：臺中市東山路二段44-3號
（大坑圓環再過去一點）
電話：04-24392861
營業時間：10:00-21:00

烏龍青草店土窯雞餐館
地址：彰化縣花壇鄉文德村福德街127巷11號
電話：04-7867345, 0939-075678
營業時間：11:00-20:00

阿嬤的仙草舖（本店）
地址：花蓮縣玉里鎮光復路55號
電話：038-888-2490
營業時間：15:00-23:00

日月紅茶

學期末最後一堂課，我安排了一場品茗會，以紅茶為主題，和研究生們共同飲茶說茶，三小時中喝了不少種紅茶。我貢獻日月紅茶、三峽蜜香紅茶、大吉嶺紅茶、祁門紅茶、武夷山正山小種，研究生廖純瑜是茶道老師，邀了她的若干好友在課堂上擺茶席，吸引了好幾位老師聞香而來。

日月紅茶始自一九二六年，日本殖民政府自印度引進阿薩姆（Assam）茶，種植於魚池鄉，氣候與風土條件令阿薩姆茶有傑出的表現，並在倫敦茶葉拍賣會上獲得「臺灣香」讚譽，曾為日據時期官員饋贈顯要的頂級茶品。臺灣光復後，日月茶場改組為農林公司，一度擁有兩百多名員工，採三班制日夜生產，廠房的機器不停地運轉。可惜在八〇年代，契作農戶紛紛改種經濟效益較高的檳榔樹，茶株嚴重流失；印尼、越南的茶葉大量進口。更令人沮喪的是，本地茶以極高比例拼配了進口茶。

茶葉拼配由來已久，主要是消費者要求每次沖泡的口感穩定一致，茶商乃挑選十幾種至數十種不同的茶葉混合，令湯色一樣，香味不變。像一般英式早茶的基調，多以阿薩姆紅茶、中國紅茶、錫蘭紅茶等等混製而成。其實，若毛茶優質，拼配有正面意義，如產量不足時可分散風險。

我泡茶都很隨興，像爵士樂常有的表現，故不曾拿過計時器，更不曾用過溫度計，相同的茶，似乎每一天都表現相異的韻味。太依賴拼配不免像調製香水，尤有甚者，無恥茶商為賺取暴利，大量拼配劣質廉價的進口茶，欺騙消費者。現代人恐怕都太習慣標準化了。

我常喝日月老茶廠產製紅玉紅茶「臺茶十八號」，乃臺灣原生種山茶和緬甸大葉種育成，發酵夠，收斂佳，入口微現澀感，瞬即轉化為甘潤；茶湯明亮，清澈，艷紅；韻味沈穩而含蓄，若沖泡得宜，更能表現淡淡的薄荷和肉桂氣息。

紅茶屬完全發酵茶，在揉捻過程中茶葉的汁液附在葉面上，致成品呈黑色；黑色茶葉經熱水沖泡，茶湯偏紅即代表發酵優良，發酵完全的紅茶能長期保存。日月老茶廠改種有機茶後甚獲我心，其包裝頗為高明：質樸典雅的銀白色錫罐，罐上吊著苧麻繩穿掛的卡片，印著一心二葉的圖案，在在表露珍惜自然，和土地有一個和善的約會。詩人蕭蕭在詩中歌詠日月紅茶：

放懷而飲，那欣然

當然不可以像一枚枚紅玉
放身沉入杯底證悟菩提那樣緊緻
她將少女臉上的尊嚴心上的莊嚴
轉化為
一瞬間的真香

紅茶能迅速釋放出茶香與茶味，很適合忙碌的現代人。路易斯·凱洛（Lewis Carroll）的名著《愛麗絲夢遊仙境》（*Alice's Adventures in Wonderland*）裡，穿著燕尾服的小白兔牽掛著下午茶，急急忙忙嚷著：「快呀，來不及了！趕不及午茶時間了！」

英國人對食物常予人無趣的印象，唯獨喝茶充滿了情趣。假日的早晨起床，儀式般先喝一杯 early tea 或 bed tea，這是一杯泡得很濃且加了牛奶的紅茶；上午十點到十一點左右，工作有點累了，泡一杯印度或錫蘭紅茶，吃些餅乾；午後三、四點則是最有名的下午茶。傳統的英式午茶是紅茶、牛奶、砂糖，一壺滾燙的熱開水，和三層式銀盤的點心：底層放三明治，第二層多為鬆餅，最上層是蛋塔、水果蛋糕。喝下午茶需很悠閒地聊天，絲毫焦躁不得。

喝茶，有一種喝別的飲料所無的閒適感，除了茶，沒有任何一種飲料，能如此像人生，過程充滿變化。

日本人飲茶總是帶著哲學味，俳人日野草城的名句：「秋の夜や紅茶をぐる銀の匙」，秋天的深夜裡，銀匙慢慢「鑽進」紅茶中，茶湯的色澤也變得深了。如此沈默，深刻描寫生活的滋味。如果生活能像啜飲一杯紅茶，像胸懷清幽的山林，一種雅緻從容的生活方式。

上次拔牙，牙醫不太放心，囑咐：「如果持續流血，就用立頓茶包塞住傷口」。茶包能止血，不知能否止痛療傷？

多年前全家人一起旅行日月潭，面對著湖光山色，像面對著人生的風雲煙波。我每天都想再沏一壺日月潭的紅茶，即興如爵士樂，每一次都品它意外地變化，像生命的轉折，有時鬱苦，有時欣喜。

日月老茶廠

地址：南投縣魚池鄉中明村有水巷38號

電話：049-2895508

營業時間：09:00-17:00

天芳茶行

地址：新北市山峽區成福路163號

電話：02-26726808,26726885

營業時間：08:00-22:00（全年無休）

文山包種茶

每次出遠門，秀麗都陪我散步過道南橋，來到「張協興茶行」買伴手禮，買的不外乎文山包種、鐵觀音、烏龍。她偏愛半發酵的文山包種，我則歡喜木柵鐵觀音。

臺灣茶大約在嘉慶年間自福建移入北部，茶種適應環境甚佳，石碇、拳山（文山）二堡的茶農漸多。王詩琅在《艋舺歲時記》敘述臺灣茶葉以大稻埕為中心發達起來，尤以光緒年間為盛：「同治十一年已有德記、美時、義和、新華利、怡和等五家洋行在大稻埕收購茶葉，做茶生意，這俗稱五行」；「臺灣茶業也就是大稻埕茶業」，茶業繁榮了大稻埕；「每年當茶季開始製茶的時候，大稻埕滿街充溢著茶香和熏茶用的梔子、素馨、茉莉花的香氣、揀茶女，茶箱、茶篏堆塞街衢停仔腳」。

早期臺灣出產的茶葉祇有烏龍茶，頗受歡迎；一八七三年起遭受世界茶業不景氣的衝擊，外銷銳減，五家洋行認為臺灣茶價昂貴，無利可圖，遂停止收購，部份茶商為求生存，就將運至福州的滯銷烏龍茶改製包種茶，當時通稱為「花香茶」。一八八一年，同安縣茶商吳福老有感於在福建改製包種茶，運費貴、風險大、成本重，乃聘茶師渡臺，在臺北設「源隆號」，沿襲福建製茶技巧，加工生產包種茶，同年即銷售國外，咸信為臺灣包種茶外銷之始。

威廉・烏克斯（William H. Ukers）在《茶葉全書》（*All About Tea*）中指出：近代臺灣茶葉貿易的重大事件是一九二三年，總督頒令：出口茶葉必須檢驗品質，未通過鑑定標準者不准出口。這道命令直接品管、提升了臺灣茶。希望臺灣茶重拾古早味，像日據時代在南港、屈尺的茶葉傳習所受過訓的老茶農一樣，老實，勤懇地令茶菁萎凋，攪拌，炒菁，揉捻，解塊，烘乾，叫它溫柔鮮麗，叫茶湯明亮圓滑。

包種茶名稱的來源眾說紛紜，包括：用毛邊紙包裝成四方包、「色種茶」筆誤……由於有「包中」諧音，常作為饋贈禮品，祝福考試、求職、選舉的親友有個好采頭。

文山包種茶以手工採摘軟嫩茶菁一心二葉焙製而成，理想的外觀是緊結為條索狀，葉尖捲曲自然，幼枝連理。適合製作的品種有青心烏龍、臺茶十二號、臺茶十三號、臺茶十四號等。優質成品外觀墨綠有光澤，花香清晰，茶色呈蜜綠至蜜黃間，明亮清澈有油光，有「露凝香」、「霧凝春」美譽。

這是臺灣特有茶葉，興起僅一百多年，製法類似烏龍茶。臺灣素有「北包種，南烏龍」之稱，文山包種茶盛產於臺灣北部，多製成條索狀，目前以臺北文山所產製的品質最優，故譽為文山包種茶。文山地區指臺北市文山區、南港區，和新北市新店、坪林、石碇、深坑、汐止等區，尤以坪林所產聞名。

包種、烏龍本為一家親，條型包種俗稱包種茶，球型包種俗稱烏龍茶，兩者的主要差別在最後一個製茶程序：團揉。像我這種被一些風霜折磨過的老頭，大約較歡喜喝炭焙稍重的茶，有記「奇種烏龍」以中焙火製作輕發酵的文山包種茶，表現臺灣烏龍和武夷岩茶的韻味，頗獲我心。

秀麗去世後我編《曬恩愛：懷念秀麗》文集，其中收了幾張她青春少女時的照片，彷彿含苞播放的香花，中國時報副刊主編簡白看了，說他想到日文「淡麗」這個詞。我很不謙虛地回答：她年輕時確實是正妹，不然我幹嘛娶她。

少女情竇初開，像文山包種茶那種氣息，輕發酵，清香，溫柔，純淨自然。茶韻像回憶，秀麗過世後我覺得她越來越美，越來越清香，恬淡，聰慧靈活如茶味。

結束廣州的療程，秀麗一方面在和信治癌中心醫院追蹤治療，一方面到鄰近我工作室的梅門練平甩功。她練完功，精神還好時會來探班，總是說想喝茶。長期化療的人抵抗力弱，我準備了一個白瓷茶杯給她專用，為她溫杯，注茶，聽她講話。

我總是為她泡文山包種茶。綠茶含有抗癌的茶坨酚，茶中含氟，能防止牙菌斑出現，堅固牙齒，蘇東坡每次吃完飯就以茶漱口，《紅樓夢》的賈母等人飯後也用茶漱口。

白居易〈睡後茶興憶楊同州〉描述醉醒後烹茶自娛，透露悠閒、恬淡的生活。睡足了，吃飽了，信步沿著池邊散步，綠蔭婆娑，青苔斑駁，情境的幽雅引出烹茶獨飲之樂：「此處置繩床，旁邊洗茶器。白瓷甌甚潔，紅爐炭方熾。沫下曲塵香，花浮魚眼沸。盛來有佳色，咽罷餘芳氣」。在綠樹間掛起吊繩，煮茶品茗，然後慵懶地歪在吊床上，像一片舒展開來的茶葉。老舍斷言「茶之溫柔，雅潔，輕輕的刺戟，淡淡的相依；茶是女性的」。我飲文山包種茶，多也是這種陰柔相依的經驗。

希望生活能像舒展的茶葉，輕淡播香；最好就是一心二葉的青心烏龍，茶菁幼枝連理，恩愛般的隱喻。

希望人長久。然則往事如水霧，如今如今，我仍為她留著那個白瓷茶杯，遺憾不能一起品茗了。

據說綠茶猶有提神強心、利尿的功能，還能提高記憶力，抗衰老。中醫書還說綠茶含茶甘寧，能提高血管韌性，尤其像我這麼容易動怒、憂傷的糟老頭，應該常喝文山包種茶，預防腦血管破裂。

張協興茶行

地址：臺北市文山區指南路二段93號

電話：02-29394866

營業時間：12:00-22:00

有記名茶

地址：臺北市重慶北路二段64巷26號

電話：02-25559164

營業時間：09:00-20:30，週日店休

附錄 本書推薦餐飲

基隆市

泉利米香（爆米香）
基隆市信義區信二路219號
預約電話：02-24231698, 24202096
營業時間：09:00-22:00

大觀園（鹹湯圓）
地址：基隆市仁愛區仁四路31號（仁愛市場1樓）
電話：02-24288158
營業時間：08:30-18:00，大部分休週一

臺北市

AoBa青葉臺灣料理（地瓜粥）（菜脯蛋）
臺北市民生東路三段185號
電話：02-87721109
營業時間：11:00-14:30, 17:00-22:00

明福餐廳（紅蟳米糕）
臺北市中山北路二段137巷18號之1
電話：02-25629287
營業時間：12:00-14:30, 17:30-21:00

儂來餐廳（紅蟳米糕）
臺北市民生東路二段147巷11弄1號
電話：02-25050891
營業時間：11:00-14:00, 17:00-21:30

呷二嘴（米篩目）
臺北市甘州街34號
電話：02-25570780
營業時間：09:00-17:30，賣完即休，隔週一店休

金蓬萊遵古臺菜（紅糟燒肉）
臺北市天母東路101號
電話：02-28711517
營業時間：11:00-14:00,17:00-21:00，周一店休

鮮肉湯圓（鹹湯圓）
臺北市延平北路三段58號
電話：02-25857655, 25928609
營業時間：11:30-23:30，一個月休3-4天

燕山湯圓（鹹湯圓）
臺北市民生西路45巷9弄12號
電話：02-25216479
營業時間：07:00-19:00，週六或國定假日至15:00，週日店休

兄弟飯店蘭花廳（地瓜粥）（蔭豉蚵仔）（菜脯蛋）
臺北市松山區南京東路三段255號
電話：02-27123456
營業時間：11:00-15:00, 17:00-22:30

欣葉101食藝軒（地瓜粥）
臺北市信義區信義路五段7號（臺北101），85樓之1
電話：02-81010185
營業時間：11:30-15:00, 17:30-22:00

欣葉臺菜（菜脯蛋）（蔭豉蚵仔）
臺北市雙城街34-1號（德惠街口）
電話：02-25963255
營業時間：11:30-00:30

臺北市

逸鄉園（封肉）
臺北市忠孝東路一段152號2樓
電話：02-33932729
營業時間：11:30-14:30, 17:30-21:30
義興樓（爆肉）
臺北市文山區景文街121號
預約電話：02-29313966
營業時間：11:30-14:30, 17:30-21:30
溫州大餛飩之家（溫州大餛飩）
臺北市西寧南路63-3號
電話：02-23822853
營業時間：10:00-21:00
忠誠號（生炒花枝）
臺北市士林區基河路60號
（士林夜市431-440號攤位）
電話：02-28823601
營業時間：14:00-02:00
原汁排骨湯（排骨湯）
臺北市大同區保安街49巷17號前，32號前
（慈聖宮口）
電話：0928-880015
營業時間：10:00-17:00
安安海鮮（芥末和山葵）
臺北市民族東路410巷29號1樓（濱江果菜市場旁）
電話：02-25057336
營業時間：07:00-14:00，週一店休
林家豬腸冬粉（豬舌冬粉）
臺北市三元街52號
電話：(02)2337-7330
營業時間：07:00-24:00
廣東客家小館（薑絲大腸）
臺北市大同區華陰街27號
電話：02-25626658
營業時間： 11:30-14:00, 17:30-21:00
金泉小吃店（賣麵炎仔）（紅糟燒肉）
臺北市大同區安西街106號（永樂國小後門）
電話：02-25577087
營業時間：09:00-17:00
（往往下午兩三點即賣完）
劉美麗（紅糟燒肉）
臺北市延平北路2段247巷2號前
電話：02-25535453, 0928-996677
營業時間：8:00-14:00
田仔周記肉粥店（紅糟燒肉）
臺北市廣州街104號
電話：02-23025588
營業時間：06:00-16:30
老艋舺鹹粥店（紅糟燒肉）
臺北市萬華區西昌街117號1樓
電話：02-23612257
營業時間：06:00-14:00
古都食堂（紅糟燒肉）
臺北市中山區吉林路205號
電話：02-25368642, 25675452
營業時間：12:00-02:00, 05:30-10:30
原汁排骨大王（排骨湯）
臺北市萬華區貴陽街2段115-17號（近祖師廟）
電話：02-23311790
營業時間：09:00-20:00

臺北市

阿正廚坊（西滷肉）
臺北市安和路二段20巷8號
預約電話：02-2702-5276, 2702-5277
營業時間： 11:30-16:30, 17:30-21:30

梧州街排骨湯（排骨湯）
臺北市萬華區梧州街46巷之4路口
營業時間：11:30-20:30

茂園餐廳（西滷肉）
臺北市長安東路二段185號
預約電話：02-27528587
營業時間： 11:00-14:00, 17:00-22:00

佳興魚丸店（魚丸湯）
臺北市大同區延平北路2段210巷21號
電話：02-25536470
營業時間：09:00-19:00

藍家（刈包）
臺北市羅斯福路三段316巷8弄3號
電話：02-23682060
營業時間：11:00-24:00，週一店休

古早丸（貢丸）
訂購電話：02-2732-3758, 0921-882084

石家割包（刈包）
臺北市通化街21號
電話：02-2709-5972
營業時間：10:00-24:00

白金山（貢丸）
臺北市松山區松山路294號
電話：02-27695121
營業時間：09:00-18:00

宋記上好臭豆腐（臭豆腐）
臺北市錦西街86號
電話：02-25520858
營業時間：16:00-01:00

六窟溫泉餐廳（鳳梨苦瓜雞）
臺北市北投區湖底路81號
電話：02-28611728
營業時間：11:00-23:00

醉紅小酌（臭豆腐）
臺北市羅斯福路三段240巷1號
電話：02-23678561
營業時間：10:30-14:00, 17:00-21:30

及品豬腸冬粉（豬舌冬粉）
臺北市興隆路四段50-2號
電話：02-2936-8850
營業時間：11:30-21:30

和記豆漿店（豆漿）
臺北市和平東路三段463巷2之2號
電話：02-27335473
營業時間：06:30-10:00

阜杭豆漿（豆漿）
臺北市忠孝東路一段108號2樓之28（華山市場），
捷運善導寺站5號出
電話：02-23922175, 23924053
營業時間：05:30-12:30，每月第二、四週的週一店休

新北市

高記生炒魷魚（生炒花枝）
新北市板橋區宮口街28號（黃石市場）
電話：02-29603503
營業時間：10:00-19:00，週一店休

廖家華西街生炒花枝（生炒花枝）
新北市板橋區成都街39號
電話：02-29580480
營業時間：11:30-23:30 隔週休週一

世界豆漿大王（豆漿）
新北市永和區永和路二段284號
電話：02-89270000
營業時間：24小時，除夕～年初四休息

客家小館（梅干扣肉）
新北市永和區智光街22號
電話：02-29483358, 31517777
營業時間：11:30-13:30, 17:30-20:30

阿爸的客家菜（菜脯蛋）
新北市三峽區中山路118號
電話：02-26743714, 0919-617525
營業時間：11:00-14:00, 17:00-21:00 週二店休

牧童遙指客家村（薑絲大腸）
新北市三峽區中園街126-21號
電話：02-26728192
營業時間：平日11:00-14:30, 17:00-21:30
假日11:00-21:00

天芳茶行（日月紅茶）
新北市三峽區成福路163號
電話：02-26726808, 26726885
營業時間：08:00-22:00（全年無休）

臺北市

來來豆漿店（豆漿）
臺北市內湖路一段93號
電話：02-27979253
營業時間：24小時

Ice Monster（芒果牛奶冰）
臺北市忠孝東路四段297號
電話：02-87713263
營業時間：10:30-23:30，過年休息

萬華仙草冰（燒仙草）
臺北市艋舺大道138號
電話：02-23029044
營業時間：10:00-19:00，週日店休（夏季除外）

張協興茶行（文山包種茶）
臺北市文山區指南路二段93號
電話：02-29394866
營業時間：12:00-22:00

有記名茶（文山包種茶）
臺北市重慶北路二段64巷26號
電話：02-25559164
營業時間：09:00-20:30，週日店休

新北市

阿婆麵店（紅糟燒肉）
新北市淡水區文化路20號
電話：0955-904877
營業時間：07:00-16:00

老牌阿給（阿給）
新北市淡水區真理街6-1號
電話：02-26211785
營業時間：05:00-約15:00（賣完為止），週一店休

主播貢丸（貢丸）
新北市汐止區大同路二段481號
電話：02-86481668, 86919999

文化阿給（阿給）
新北市淡水區真理街6-4號（文化國小旁）
電話：02-26213004
營業時間：06:30-18:00（平日），假日視人潮延長至20:00左右，每月一天公休日，不確定，先電話確認

桃園縣

信宏鵝肉老店（米篩目）
桃園縣新屋鄉中山路404號
預約電話：03-4772226
營業時間：11:00-14:00, 16:30-19:45（二至五）
11:00-14:00, 15:00-19:00（六、日）

新屋鵝肉美食館（鹹湯圓）
桃園縣新屋鄉中山西路一段322號右轉
電話：03-4971246, 0931-178220
營業時間：須先訂位，節日或假日11:00-20:00
週一至週五，11:00-14:00，16:30-20:00（員工午休時不供餐）

全家福（米篩目）
桃園縣中壢市環西路69號
預約電話：03-4945228
營業時間：11：00-14：00, 17：00-21：00

三洽水鄉村餐廳（鹹湯圓）
桃園縣龍潭鄉三和村龍新路14鄰1695號
電話：03-4795839
營業時間：11:30-14:00, 17:00-21:00

大鬍子米干（無招牌）（米干）
桃園縣中壢市龍平路173號（忠貞市場內）

九旺米干（國旗屋）（米干）
桃園縣中壢市前龍街73巷19之1號
電話：03- 4666879, 0932-934731
營業時間：05:00-18:00

陳家米干（米干）
桃園縣中壢市龍東路264巷27號
電話：03- 4361452
營業時間：06:00-13:30

光復雲仙小館（米干）
址：桃園縣平鎮市中山路168號
電話：03- 4658245
營業時間：11:00-14:00, 17:00-20:00，週一店休

桃園縣

老姜花園餐廳（薑絲大腸）
中壢市環中東路2段399巷91-8號
電話：03-4681219, 4587377
營業時間：11:00-14:00, 17:00-21:00
信義飲食店（薑絲大腸）
桃園縣富岡鄉豐野里信義街165號
電話：03-4723395
營業時間：11:00-15:00, 17:10-21:30
八方園（梅干扣肉）
桃園縣楊梅鎮永寧里4鄰22號
（揚昇高爾夫球場路口處）
電話：03-4784735
營業時間：11:30-14:00, 17:00-21:00，週一店休
阿杏臭豆腐（臭豆腐）
桃園縣大溪鎮得勝路3號
電話：03-3883105
營業時間： 一般09:00-22:00
夏季16:00-22:00
善美燒仙草（燒仙草）
桃園縣中壢市建國路20號
電話：03-2807729
營業時間：11:00-22:30
阿美米干（米干）
桃園縣平鎮市中山路142號
電話：03- 4567399
營業時間：06:00-21:00
不一樣小吃館（米干）
桃園縣中壢市龍東路46號
電話：03- 4369474, 0952-552997
營業時間：09:00-19:00，週三店休
宏珍（米干）
桃園縣中壢市龍東路18號
電話：03- 4362288
營業時間：06:00-20:00，週一店休
（無名無招牌）（米干）
桃園縣中壢市前龍街38號（忠貞市場內）
雲南小館（米干）
桃園縣中壢市龍平路181號（忠貞市場內）
電話：03- 4566959, 4563702
營業時間：09:00-21:00，週二店休

新竹縣

進益摃丸（貢丸）
新竹市北門街31號
電話：03-5251952, 5515837
營業時間：08:00-22:00，週一店休

榮記（鹹湯圓）
新竹市東區武昌街64號
電話：03-5238238
營業時間：07:30-22:00

新竹縣

味衛佳觀光果園（柿餅）
新竹縣新埔鎮旱坑路一段283巷53號
電話：03-5892352, 0911-242693, 0910-269180
營業時間：08:00-21:00

海瑞摃丸（貢丸）
新竹市西門街98號
電話：03-5261115
營業時間：11:00-21:30

姜太公柿餅（柿餅）
新竹縣北埔鄉廟前街24號
電話：0954-079958
營業時間：08:00-18:00

金漢柿餅教育園區（柿餅）
新竹縣新埔鎮旱坑路一段501號
電話：03-5892680,5883119
營業時間：08:00-17:00

西市米粉湯（紅糟燒肉）
新竹縣新竹市北區西安街84號
電話：03-5253341
營業時間：07:00-15:00

苗栗縣

勝興客棧（梅干扣肉）
苗栗縣三義鄉勝興村14鄰72號
電話：037-873883
營業時間：10:00-14:00, 17:00-20:00

飯盆頭（菜脯蛋）
苗栗縣南庄鄉南江村小東河8-1號
電話：037-825118, 0921-346118
營業時間：10:00-20:00

紅棗食府（梅干扣肉）
苗栗縣公館鄉福基村45號
電話：037-224688
營業時間：11:30-14:30, 17:30-20:00

棗莊古藝庭園膳坊（梅干扣肉）
苗栗縣公館鄉福星村43-6號
電話：037-239088
營業時間：11:00-15:30, 17:00-21:00

福欣園（薑絲大腸）
苗栗縣銅鑼鄉福興村中山路62號
電話：037-983345, 981561
營業時間：11:00-14:30, 17:00-21:00

飯盆頭（梅干扣肉）
苗栗縣南庄鄉南江村小東河8-1號
電話：037-825118, 0921-346118
營業時間：10:30-19:00

苗栗縣

大埔內彈珠汽水觀光工廠
苗栗縣銅鑼鄉民生路11號
預約電話：037-984678
開放時間：10:00-12:00, 14:00-16:00

臺中市

福宴國際創意美食（紅蟳米糕）
臺中市清水區中山路18號
電話：04-26228757
營業時間：11:00-14:00, 17:00-21:30

英才大麵羹（大麵羹）
臺中市北區英才路215號
電話：04-22011718
營業時間：09:30-18:00

東海刈包大王（刈包）
臺中市龍井區東園巷43號
電話：04-26523686
營業時間：07:00-01:00

丸億生魚片（芥末和山葵）
臺中市北屯區遼寧路一段376號
電話：0931-606776
營業時間：11:30-12:30, 14:00-19:00

阿姿燒酒螺（燒酒螺）
臺中市清水區北堤路30號（臺中觀光漁市）
電話：04-26569475, 0923-453232
營業時間：09:00-20:00

志榮米麩（現更名金麥米麩）
臺中市豐勢路中盛巷15號
預約電話：04-2583367
營業時間：08:00-21:00

易鼎活蝦極品（地瓜粥）
臺中市西屯區甘肅路二段100號
電話：04-23113202
營業時間：平日17:00-02:00，假日11:00-02:00
（最後點餐時間01:30）

臺中大麵（大麵羹）
臺中市中區公園路16號
電話：0937-716688
營業時間：05:30-13:30

原公園口大麵（大麵羹）
臺中市中區三民路三段13號
電話：04-22237693
營業時間：05:30-14:30

老蔡大麵焿（大麵羹）
臺中市中區篤行路18號
電話：04-22068532
營業時間：23:00-02:00，週日晚店休

臺中市

陳家牛乳大王（木瓜牛乳）
臺中市中華路一段121號前（中華路夜市）
營業時間：19:00-02:00

中華路大麵羹（大麵羹）
臺中市中區中華路一段217號
電話：04-22256053
營業時間：17:00-06:30

新凍嫩仙草（燒仙草）
臺中市東山路二段44-3號（大坑圓環再過去一點）
電話：04-24392861
營業時間：10:00-21:00

霧峰木瓜牛乳大王（木瓜牛乳）
臺中市霧峰區民主街26號
電話：04-23302899
營業時間：07:30-21:00

彰化縣

黑公雞風味餐廳（鳳梨苦瓜雞）
彰化縣花壇鄉岩竹村聽竹街50號
電話：04-7882882, 7882168
營業時間：11:00-21:00

謝家米糕（紅糟燒肉）
彰化縣員林鎮中正路265號
電話：0919-318646, 04-8318646
營業時間：11:00-22:00，週二店休

振味珍（牛舌餅）
彰化縣鹿港鎮中山路71號
電話：04-7772754
營業時間：09:00-19:00

巷仔內（蚵嗲）
彰化縣芳苑鄉博愛村芳漢路王功段仁愛巷3號
電話：04-8933478
營業時間：09:00-19:00（平）
10:00-18:00（假），週一公休

玉珍齋（牛舌餅）
彰化縣鹿港鎮民族路 168號
電話：04-7773672
營業時間：08:00-22:00

洪維身蚵仔炸（蚵嗲）
彰化縣芳苑鄉王功村漁港路海埔段1923號
電話：04-8935660
營業時間：08:00-20:00

彰化木瓜牛乳大王（木瓜牛乳）
彰化縣彰化市中華路37號
電話：04-7249840
營業時間：11:00-22:00

大樹下蚵仔炸（蚵嗲）
彰化縣芳苑鄉仁愛村芳新路芳苑段26號
電話：0911-691632
營業時間：09:30-13:00, 14:30-17:00

彰化縣

烏龍青草店土窯雞餐館（燒仙草）
彰化縣花壇鄉文德村福德街127巷11號
電話：04-7867345, 0939-075678
營業時間：11:00-20:00

明豐珍（牛舌餅）
彰化縣鹿港鎮海浴路 843號
電話：04-7742197
營業時間：09:30-14:30（09:00 開始發放號碼牌，發完即止），週日店休

南投縣

金盆阿嬤茶葉蛋（茶葉蛋）
南投縣魚池鄉日月村中正路403號
（日月潭大飯店隔壁，玄光寺旁）
電話：049-2855063
營業時間：09:30-17:30

蘇媽媽湯圓（鹹湯圓）
南投縣埔里鎮中山路三段118號
電話：049-2988915
營業時間：11:00-21:00，週日休店

日月老茶廠（日月紅茶）
南投縣魚池鄉中明村有水巷38號
電話：049-2895508
營業時間：09:00-17:00

嘉義縣

劉里長雞肉飯（火雞肉飯）
嘉義縣嘉義市東區公明路197號
電話：05-2227669
營業時間：05:30-14:30

郭家粿仔湯雞肉飯（火雞肉飯）
嘉義縣嘉義市文化路148號
電話：05-2256214
營業時間：05:00-21:00

嘉義縣

阿溪火雞肉飯（火雞肉飯）
嘉義縣嘉義市仁愛路356號
電話：05-2243177
營業時間：05:30-13:30

三禾火雞肉飯（火雞肉飯）
嘉義縣嘉義市東區民權路97號
電話：05-2786846
營業時間：10:00-20:00

簡單雞肉飯（火雞肉飯）
嘉義縣嘉義市大雅路二段581號
電話：05-2754563
營業時間：11:00-20:30

東門雞肉飯（火雞肉飯）
嘉義縣嘉義市光彩街198號
電話：05-2282678
營業時間：05:00-20:30

涂媽媽廚房（封肉）
嘉義縣民雄鄉建國路一段429號
電話：05-2264650
供餐時間：11:30-14:00

噴水雞肉飯（火雞肉飯）
嘉義縣嘉義市西區中山路325號
電話：05-222-2433
營業時間：09:00-21:30

自然豬貢丸（貢丸）
嘉義縣朴子市中興路135號
訂購電話：05-3790108, 3790358

微笑火雞肉飯（火雞肉飯）
嘉義縣民雄鄉建國路二段56號
電話：05-2213079
營業時間：06:00-14:00，週一店休

臺南市

古早味魚丸湯（魚丸湯）
臺南市北區忠義路三段27號
電話：06-2268822
營業時間：06:30-15:30

阿霞飯店（紅蟳米糕）
臺南市中西區忠義路二段84巷7號
預約電話：06-2224420
營業時間：11:00-14:30, 16:30-21:00 週一店休

永記虱目魚丸（魚丸湯）
臺南市開山路82之1號
電話：06-2223325
營業時間：06:30-13:00

天公廟魚丸湯（魚丸湯）
臺南市中西區忠義路二段84巷3號
電話：06-2206711
營業時間：06:30-13:00，賣完為止

臺南市

實踐堂臭豆腐（臭豆腐）
臺南市新營區中正路37-1號
電話：06-6370555
營業時間：13:30-19:00

豪記臭豆腐（臭豆腐）
臺南市夏林路1號（永華路／夏林路交叉，水萍塭公園對面）
電話：06-2221010
營業時間：平日16:30-24:00，假日11:30-24:00

石獅仔下吳記燒酒螺（燒酒螺）
臺南市北門區南鯤鯓代天府石獅仔下
電話：06-7863307, 06-7865053
營業時間：平日09:30-18:00
假日08:00-19:00賣完為止，可事先電話確認

勝利早點（豆漿）
臺南市勝利路119號
電話：06-2386043
營業時間：17:00-10:30

冰鄉豆花冰菓屋（芒果牛奶冰）
臺南市中西區民生路一段160號
電話：06-2234427
營業時間：週一至週六11:30-21:00，週日11:30-17:00

阿月古早味芒果冰（芒果牛奶冰）
臺南市玉井區中正路135號
電話：06-5741798
營業時間：09:00-19:00 週三休（平日）暑假不休

有間冰鋪（芒果牛奶冰）
臺南市玉井區中正路152號
電話：06-5749360, 0912-023327
營業時間：08:00-21:00

阿川虱目魚丸（魚丸湯）
臺南市中西區中山路8巷3之1號
電話：06-2270807
營業時間：06:00-13:30

天從伯魚丸湯（魚丸湯）
臺南市安平區效忠街45號
電話：06-2223325
營業時間：07:00-18:00

廣益虱目魚丸（魚丸湯）
臺南市學甲區中正路207號
電話：06-7833241
營業時間：05:00-18:00

阿輝土雞城（鳳梨苦瓜雞）
臺南市關廟區北花里牛稠埔81之1號
電話：06-5959922, 5962008-9
營業時間：11:00-02:00

阿松割包（刈包）
臺南市國華街三段181號
電話：06-2110453, 2205249
營業時間：08:00-18:00，週四店休

所長茶葉蛋（茶葉蛋）
臺南市新化區忠孝路19號
電話：06-5909198
營業時間：08:00-19:30，假日至20:00

赤嵌點心店（棺材板）
臺南市中正路康樂市場內180號
電話：06-2240014
營業時間：11:00-21:00

臺南市

愛文鄉冰島（芒果牛奶冰）
臺南市玉井區豐里里60-19號
電話：06-5749218, 5749206
營業時間：09:00-19:00

高雄市

哈瑪星黑旗魚丸大王（魚丸湯）
高雄市鼓山區鼓波街27-7號
電話：07-5210948, 0922-858384
營業時間：10:30-20:00

冬粉王（豬舌冬粉）
高雄市鹽埕區七賢三路166號（近大公路）
電話：07-5514349
營業時間：08:00-20:00

阿進切仔麵（豬舌冬粉）
高雄市鹽埕區瀨南街148號
電話：07-5211028
營業時間：09:00-20:00

春蘭割包（刈包）
高雄市新興區復興一路5號（民生路口）
電話：07-2017806, 07-2819831
營業時間：10:00~20:00，三節店休

福記（臭豆腐）
高雄市苓雅區五福三路117-7號
（國軍英雄館旁）
電話：07-2419477
營業時間：14:30-23:00

紅毛港海鮮餐廳（紅蟳米糕）
高雄市三多三路214號（林森路口）
預約電話：07-3353606
營業時間：11:30-14:00, 17:30-21:00

美光粄條店（米篩目）
高雄市美濃區中山路一段87號
預約電話：07-6811420
營業時間：07:00-19:00，週四店休

美濃客家菜（菜脯蛋）
高雄市左營區華夏路1062號
（大中路口，近高鐵左營站）
電話：07-3431100
營業時間：11:00-14:00, 17:00-21:00

合口味（薑絲大腸）（米篩目）
高雄市美濃區民族路3號
電話：07-6811221, 6816604
營業時間：11:00-14:00, 16:30-20:30，星期二只到14:00

美光粄條（米篩目）（野蓮）
高雄市美濃區中山路一段87號
電話：07-6811420，週四店休
營業時間：07:00-19:00

高雄市

榮泉汽水工廠（彈珠汽水）
高雄市三民區中華三路322號
電話：07-2858101, 2858102

高雄牛乳大王（木瓜牛奶）
高雄市前金區中華三路65-5號
電話：07-2823636
營業時間：24hr

光華木瓜牛奶大王（木瓜牛奶）
高雄市苓雅區光華二路402號
電話：07-7160469
營業時間：09:00-02:00

江豪記（臭豆腐）
高雄市三民區建工路347號
電話：(07-3961199
營業時間：11:30-00:30（週日至00:00）

香味（臭豆腐）
高雄市七賢一路7,9號
電話：07-2255302
營業時間：16:00-24:00，每月休2天，不固定

盧記臭豆腐王（臭豆腐）
高雄市三民區中華三路253號
電話：07-2819808
營業時間：平日11:00-14:00, 17:00-01:00
假日11:00-01:00除夕休

品元糖口冷飲工坊（芒果牛奶冰）
高雄市左營區裕誠路157號
電話：07-5562748
營業時間：12:00~22:30

屏東縣

竹田鹹湯圓（鹹湯圓）
屏東縣竹田鄉竹田村中正路116-2號
電話：08-7712676
營業時間：05:00-14:00

海鴻飯店（萬巒豬腳）
屏東縣萬巒鄉民和路16號
電話：08-7811220, 7810782
營業時間：07:00-20:00

阿柳湯圓（鹹湯圓）
屏東縣屏東市貴陽街36號
電話：08-7321176
營業時間：09:00-20:00，週一店休

西台餐廳（封肉）
屏東縣內埔鄉內埔村廣濟路12號
電話：08-7792135
營業時間：（須預約）

屏東縣

熊家萬巒豬腳餐廳（萬巒豬腳）
屏東縣車城鄉保新路105號
電話：08-8825656
營業時間：11:00-21:00

正宗萬巒林家豬腳（萬巒豬腳）
屏東縣萬巒鄉萬巒村民和路1號之4
電話：08-7811785,7810489（傳真）
營業時間：週一至五06:00-18:00，例假日06:00-19:00

宜蘭縣

一佳一活海鮮（西滷肉）
宜蘭縣蘇澳鎮漁港路53號
電話：03-9952191
營業時間：10:00-22:00

饗宴鐵板燒（櫻桃鴨）
宜蘭縣羅東鎮河濱路326號
電話：03-9657998
營業時間：11:00-21:00，除夕店休

阿萬之家（鴨賞）
宜蘭縣五結鄉利澤村利成路二段60巷20號
電話：03-9503511
營業時間：09:00-20:00

王家燒酒螺（燒酒螺）
宜蘭縣頭城鎮北關風景區9號攤位
電話：03-9781887, 0918519228
營業時間：08:00-17:30

謝記鴨賞（鴨賞）
宜蘭縣五結鄉五結路二段367號
電話：03-9504628
營業時間：09:00-21:00

將軍茶葉蛋（北宜蛋之家）（茶葉蛋）
宜蘭縣頭城鎮青雲路一段117號
電話：03-9875588
營業時間：週一至週五 10:00-19:00
假日09:00-19:00

凸桑鴨賞（鴨賞）
宜蘭縣五結鄉協和村親河路二段57號
電話：03-9503432
營業時間：09:00-20:00

味珍香卜肉店（爆肉）
宜蘭縣三星鄉三星路七段305號
預約電話：039-892960
營業時間：10:00-17:30，農曆初三、十七店休

正老元香牛舌餅（牛舌餅）
宜蘭縣宜蘭市和睦路77號
電話：03-9325855
營業時間：10:00-22:00

東南蜜餞舖（貢糖）
宜蘭縣宜蘭市城隍街90號
電話：03-9323363
營業時間：09:00-21:00，假日下午不營業

宜蘭縣

差不多海鮮餐廳（西滷肉）
宜蘭縣羅東鎮復興路二段109號
電話：03-9552682
營業時間：11:00-14:00, 17:30-21:30

金少爺西餅（貢糖）
宜蘭縣羅東鎮中正南路151號
電話：03-9540301, 9531980
營業時間：08:00-22:00

宜蘭餅（牛舌餅）
宜蘭縣羅東鎮純精路二段130號
電話：03-9549881
營業時間：08:00-22:00

崔記早點（豆漿）
宜蘭縣羅東鎮公正路48號
電話：03-9544481, 9562696
營業時間：04:00-13:00

吉祥客棧（西滷肉）
宜蘭縣壯圍鄉吉祥村吉結路35號
電話：03-9383387, 9381644
營業時間：11:30-21:00

奕順軒（牛舌餅）
宜蘭縣宜蘭市神農路二段17號
電話：03-9334535~7
營業時間：09:30-22:00

華興名產（牛舌餅）
宜蘭縣宜蘭市中山路三段112號
電話：03-9322935
營業時間：09:00-21:00

蘭城晶英酒店「紅樓」中餐廳（櫻桃鴨）
宜蘭縣宜蘭市民權路二段36號
電話：03-9101011
營業時間：11:30-14:00, 17:30-21:00

渡小月（西滷肉）
宜蘭縣宜蘭市復興路三段58號
電話：03-9324414
營業時間：12:00-14:00, 17:00-21:00

四海居小吃部（西滷肉）
宜蘭縣宜蘭市康樂路137巷9號
電話：03-9368098
營業時間：06:00-16:00

花蓮市

蔣記官財板（棺材板）
花蓮市中華路33號（自強夜市內）
電話：0935-242414
營業時間：16:00-00:30，週二店休

法式官財板（棺材板）
花蓮市中華路33號（自強夜市內）
電話：0935-242414
營業時間：17:00-00:00，週四店休

富興客棧（鳳梨苦瓜雞）
花蓮縣瑞穗鄉富興村7鄰50-1號
電話：03-8811732, 0926-652873
營業時間：10:30-20:00

液香扁食店（溫州大餛飩）
花蓮市信義街42號
電話：03-8326761
營業時間：09:00-21:30（旺季賣完即休）
每月排休二天（不固定，請事先與店家確認）

戴記扁食（溫州大餛飩）
花蓮市中華路120號
電話：03-8350667
營業時間：08:00-21:50，每月排休二天（週一或週四，不固定，請事先與店家確認）

花蓮木瓜牛奶（木瓜牛奶）
花蓮市南京街346號
電話：03-8339095
營業時間：12:30-23:00

阿嬤的仙草舖（本店）（燒仙草）
花蓮縣玉里鎮光復路55號
電話：038-88882490
營業時間：15:00-23:00

臺東縣

林家臭豆腐（臭豆腐）
臺東縣臺東市正氣路130號
電話：089-334637
營業時間：12:00-23:00

金門縣

天工貢糖（貢糖）
金門縣金湖鎮復興路59號
電話：082-337946
營業時間：08:00-19:30

談天樓（鹹湯圓）
金門縣金湖鎮復興路3號
電話：082-332766
營業時間：09:30-19:30 中午不休息

金瑞成貢糖（貢糖）
金門縣烈嶼鄉西路35-1號（八達樓子旁）
電話：082-363389
營業時間：08:00-18:00

陳金福號（貢糖）
金門縣金城鎮伯玉路一段90號
電話：082-321414
營業時間：08:30-18:30

蚵嗲之家（蚵嗲）
金門縣金城鎮莒光路一段59號
電話：082-322210
營業時間：14:30-19:00

聖祖食品（貢糖）
金門縣金城鎮伯玉路二段301號
電話：082-323456
營業時間：08:00-18:00

和記油條店（豆漿）
金門縣金城鎮菜市場路46號
電話：0911-671579, 082-320609
營業時間：06:00至售完為止（約10:00）

香港

醉瓊樓酒家（梅干扣肉）
香港灣仔軒尼詩道289號地下B舖
電話：852-25111848
營業時間：07:00-23:00

二魚文化　文學花園　C094

臺灣舌頭

A Treat of Taiwan : Tasty Taiwan Ⅲ

作　　者／焦　桐
責任編輯／黃秀慧
封面畫作．題字／李蕭錕
內頁插畫／李蕭錕
美術設計／費得貞
行銷企劃／溫若涵
讀者服務／詹淑真

出 版 者／二魚文化事業有限公司
發 行 人／葉　珊
地址　台北市文山區興隆路 4 段 165 巷 61 號 6 樓
網址　www.2-fishes.com
電話　(02)2937-3288
傳真　(02)2234-1388
郵政劃撥帳號　19625599
劃撥戶名　二魚文化事業有限公司

法律顧問／林鈺雄律師事務所
總 經 銷／大和書報圖書股份有限公司
電話 (02) 89902588
傳真 (02) 22901658

製版印刷／彩峰造藝印像股份有限公司
初版一刷／二〇一三年六月
再版三刷／二〇二一年九月
ISBN　978-986-5813-00-0（平裝）
定　　價／三二〇元

題字篆印　李蕭錕

國家圖書館出版品預行編目(CIP)資料

臺灣舌頭：臺灣味道三部曲. 三 /
焦桐著. – 初版.-- 臺北市 ： 二魚文化,
2013,06　　312面；14.8x21公分. --
（文學花園C094）
ISBN　978-986-5813-00-0（平裝）
1.飲食風俗 2.臺灣文化 3.文集

538.7833　　　102008520

二魚文化